夢中がつくる学び

吉田雄一
［著］

東洋館出版社

はじめに

今回「子どもの夢中」をテーマに本を書かせていただきました。
では「夢中」とは何でしょうか?
広辞苑には「一つの物事に熱中して我を忘れること」と書かれています。

ここに私が授業で感じた「夢中とは」を加えてみます。

○夢中とは、何度も挑戦しようと思うこと
○夢中とは、できなかったことができること
○夢中とは、自分が知っていることと、知らなかったことがつながること
○夢中とは、自分の新しい力を発見すること
○夢中とは、自分に正直になること
○夢中とは、自分を認めてあげること
○夢中とは、他者の考え方にどっぷりとはまること

○夢中とは、またやりたいと思うこと
○夢中とは、もっと知りたいと思うこと
○夢中とは、頭の中がワクワクでいっぱいになること…

こうして並べてみると「夢中」は、授業だけでなく、きっとこれからの未来をよりよく生きる上でも大切なヒントになっているような気がします。

そんな「夢中」を学校で実現するために、私たち教師は何か手立てを考えていく必要がありそうです。

「大丈夫だよ！ 何度だってやり直せるから」「その考え方いいね！ この調子で思いっきりやってごらん」と、子どもたちに対する声かけや意識をほんの少し変えるだけでも、子どもたちのなかに「夢中」という新しい世界が生まれていきそうです。

「夢中」に関連して、「試行錯誤（トライアルアンドエラー）」「子どもの考えの価値づけ」など、私が授業のなかで感じたことや、考えたことをこの本にまとめました。

第1章では「夢中」を生み出すための土台となる教師の考え方について
第2章では「夢中になる授業づくり」の手立てについて
第3章では「夢中」という視点から、実際に行った授業を分析してみてわかったことについて書かせていただきました。

・子どもたちはしっかりと話を聴いているけど、何か教師にやらされているような授業になってしまう
・授業中すぐに「できた」と言って、考えることをあきらめる子が多い
・学校で子どもたちに教えたことが、社会に出てから本当に役に立つのか疑問に思う

こんな悩みをもっていらっしゃる先生がいたら、もしかしたら本書がそのヒントになるかもしれません。何かを考えるための「ひとつのきっかけ」となれば幸いです。

吉田雄一

目次

第2章　夢中になる授業づくりの手立て

第3章 「夢中」を生み出す授業の実際

第1章
子どもの「夢中」を生み出すための土台

二つの絵と二つの力

「はじめに」でお話ししたように、「夢中」になっていると、

・新しい可能性を発見できる
・やっていることに自信がもてる
・もっとやりたいという意欲がもてる
・すべてに対してワクワクして取り組める…

など、ポジティブな可能性が目の前に広がっていきそうです。

しかし、この状態にたどり着くまでに、まず乗り越えなければいけないものがあります。——そう、**「失敗」**です。これがなかなか厄介な存在です。

子どもたちが何かしようとする前向きな気持ちを引きとめたり、その子が本来もって

いる「よさ」をうばったりします。しかし失敗のない人生を送ることは不可能でしょう。

そこで、こんな例から皆さんと失敗についてちょっと考えてみたいと思います。

例えば、ここにAとBの二つの絵があります。

読者の皆さんは、どちらが成功で、どちらが失敗だと考えますか？

A

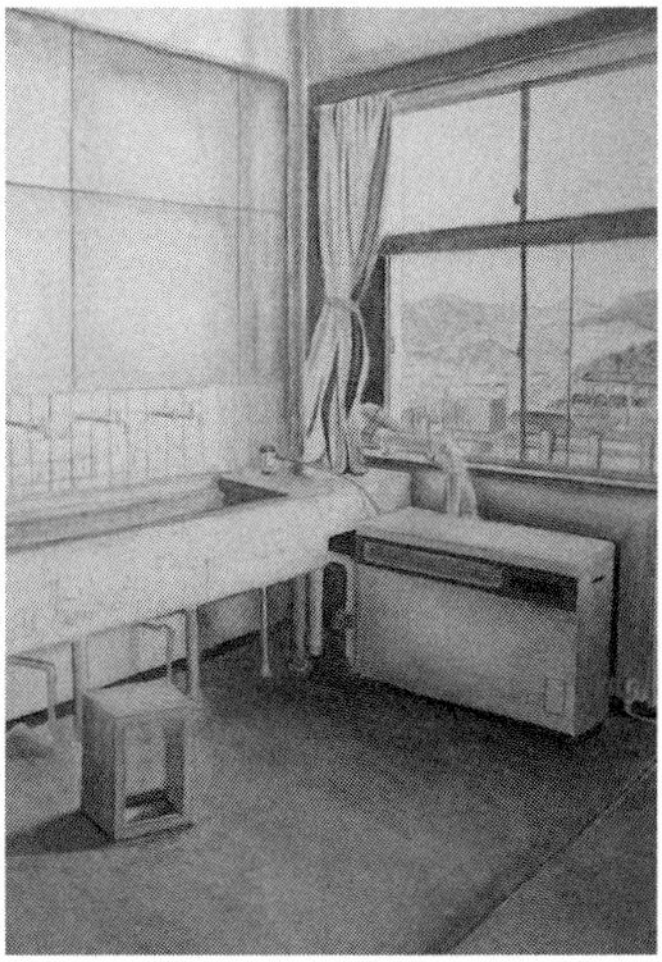

B

Aは「遠近法も使われているし、写真のように細部まで描かれていて上手だな」一方Bは「ぐちゃぐちゃに色が塗られているだけで全然だめじゃないか」と思う人もいるかもしれません。でもBの絵にも、いいところがありますよね。

例えば、作品Bを描いた子が、こんなことを考えながら描いていたらどうでしょうか？

「赤と黄色の絵の具を混ぜるとオレンジ色になった！」
「どんどん色を混ぜたら色が暗くなっちゃった…」
「爪でひっかいたら絵の上に跡が残ったよ！」
「○○君はどうやって、あのきれいな色をつくったのかな？」
「今度は絵の具にちょっと水を足して描いてみようかな…」

このように、自分で試したことの意味や大切さに気づいていれば、**Bの絵もAの絵と同じように「多くのことを考えながらしっかりと描けている作品」**だといえます。

つまり、**一見成功だと思えないような結果（＝いわゆる「失敗」）でも、「できなかっ**

たこと」や「失われたもの」とは異なる視点で意味や価値を見つけられれば、失敗は「失敗」ではなくなるのです。逆にいえば、意味や価値を見いだすことを怠ってしまうと、それは本当の「失敗」になってしまうのだと私は思います。

もし子どもたちが、自分のやっていることに自信がもてず「失敗だ」と思っていたのなら、私たち教師がその子のやったことに、先ほどのＢの絵で紹介したような「価値づけ」をしてあげればいいのです。

失敗に価値づけがされていくと、子どもたちのなかに安心感や自信が生まれていきます。このプロセスが、「あきらめないで、また別の方法で試してみよう」という**試行錯誤すなわち「トライアルアンドエラー」**の思考につながっていきます。

先ほどの作品Ａのようにきれいな形になっていなくても、作品Ｂのように「いろんな方法を試してみた」「新しい発見ができた」という「経験」や「満足感」は、子どもたちの頭や体に大人になってもしっかりと残っていきます。

作品Ａと作品Ｂで、それぞれ子どもたちが身につける力を次の図のように整理してみ

aとb　２つの力

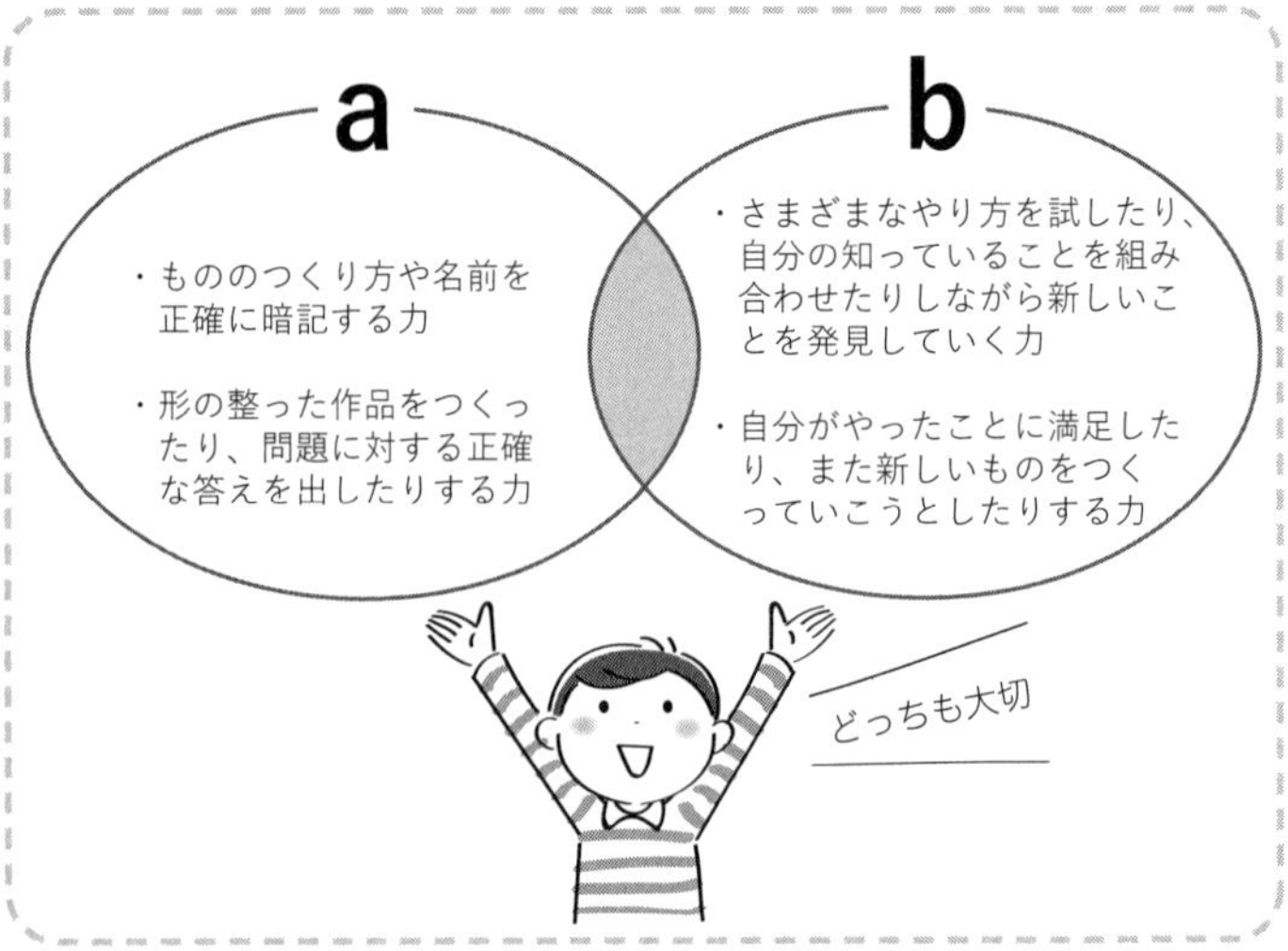
a
b
・もののつくり方や名前を正確に暗記する力
・形の整った作品をつくったり、問題に対する正確な答えを出したりする力
・さまざまなやり方を試したり、自分の知っていることを組み合わせたりしながら新しいことを発見していく力
・自分がやったことに満足したり、また新しいものをつくっていこうとしたりする力
どっちも大切

ました。

このようにとらえれば、**図のaとb二つの力はどちらも大切**だと思いませんか？

本書では、特に子どもたちのbの力に注目し、引き出していくための方法を紹介しています。

プラスマイナス「１００」の気持ちで

先ほどは、ＡとＢの絵を例に、「失敗の価値づけ」や「さまざまなことを試しながら新しいことを発見することの大切さ」についてお話ししました。この考え方は、先ほどのような絵を描く時だけでなく、「生きること」そのものにもつながっていきそうです。

私たちの日々の生活は「答えのない問い」の連続です。「人間関係」「病気」「自然災害」…など、予測できないさまざまな問題や失敗にも常に向き合わなければいけません。

私自身は、できれば「失敗」はしないで、いつも楽しくすごせたらいいのにと思うタイプの人間です。しかしどんなに頑張っても、失敗や挫折だけを取り除いて生きることなどおそらく不可能です。

しかし、失敗したからこそ、いい方向に進んだことや、思いがけない力がついたという経験も結構あるのではないでしょうか？　あるいは、しばらく経ってから「実はあれは失敗ではなかったのでは？」とその価値や意味に気づくこともあるかもしれません。

子どもの頃にこのような気づきを経験し、「失敗をしてもそれを自分のなかで価値づける習慣があった人」と「なかった人」とでは、生きることに対する考え方が大きく変わってくるかもしれません。

例えば入社したばかりの二人の社員が同じ仕事をしていたとします。

小さい頃に自分の失敗を価値づけて乗り越えてきた経験がある人であれば、

「最初のうちは、うまくいかないこともあるさ」

「あきらめずもうちょっとやってみよう」

「わからないところは先輩に教えてもらおうか」

「今のは自分が悪かったな、ちゃんと謝ろう」

という前向きな姿勢で、これからもいろいろな仕事に取り組んでいけそうです。

逆に、失敗の体験から学んでこなかった、すぐに結果が出ることしか経験してこなかった人だと、トラブルにうまく対応できず、愚痴ばかりで、なかなか自分のミスを改善していこうという前向きな姿勢になれないかもしれません。

これはたとえ話の世界ですが、どちらの人の方が楽しく仕事をしているか、答えは明らかですよね。

「失敗の価値づけ」について、もう少し考えてみたいと思います。

私たちは、何かうまくいかなかった時に「失敗を取り戻そう」「失敗をリカバーしよう」と考えてしまうことがあります。

しかしこの考えは「マイナスになったものを0（ゼロ）に戻す」という意味で、結果として何も生産できていないようにも感じます。

ここで先ほどお話した「失敗の価値づけ」の考え方を取り入れてみたいと思います。**失敗を「失敗」ととらえるのではなく、「自分も考えなかった発見につながるチャンス」という新しい価値**をつけてみてはどうでしょう。

うまくいかなかったことで、当初思い描いていた「成功」よりももっとすごい目標をめざすきっかけになるかもしれません。

ポストイット（付箋のメモ）や電子レンジなど、「失敗」と呼ばれることから生まれた発明品はたくさんあります。

「失敗は成功のもと」という言葉も素晴らしいですが、「失敗はイノベーションのもと」と考えてもいいくらいかもしれません。それくらい失敗のなかには、新しいことを生み出す可能性があるのです。

失敗を「リカバーする」「原状復帰する」というプラスマイナス「0」の発想ではなく、**「新しいことを始めるための貴重な経験ができた」という「プラスマイナスむしろ『100』」**の発想の方がいろいろなことが楽しくなっていきそうです。

例えば、図工で工作をしていて「間違った場所を切っちゃった」、絵を描いていたら「線がちょっとはみ出しちゃった」と気にして悩んでいる子どもがいたら、これを「失敗」ととらえるのではなく、「これを生かしてもっと違うものをつくっちゃおう！」と価値づけて、夢中で取り組めるようにサポートする方が、今の時代にフィットしていると思います。「失敗を失敗と思わず何度も挑戦できる」「ピンチをチャンスに変えられる」「どんな時も夢中で取り組める」……大人になってもそんな前向きな気持ちをもっていられるような子どもを育てることができたら、これからの未来も少し明るいものになるのではないでしょうか。

「失敗だけの人生」も「成功だけの人生」もありません。大切なことは、**「自分がやったこと」を後悔ではなく意味あるものにしていく「勇気」と「情熱」**なのだと私は思います。

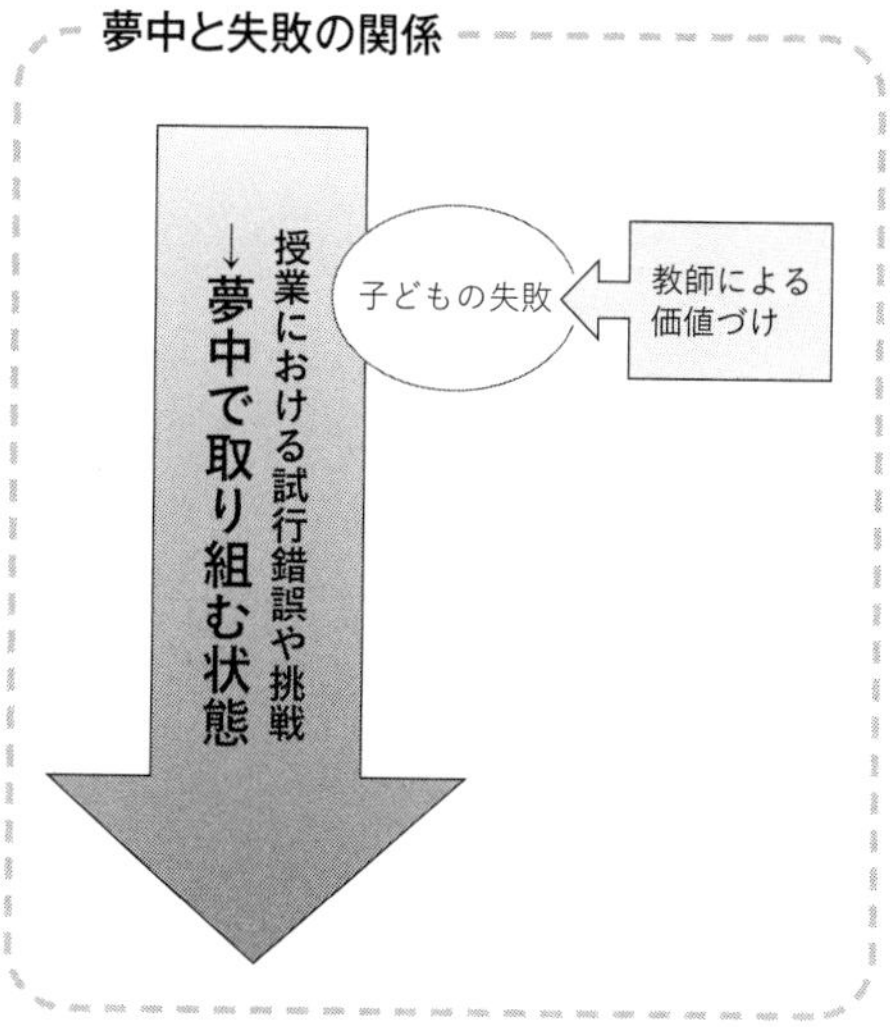

努力と夢中

ここまで、失敗を「失敗」ととらえず、新しい価値を見つけて「夢中」で取り組んでみようというお話をしました。今度は「努力」と「夢中」の関係について少し考えてみたいと思います。

「努力は夢中には勝てない」という言葉があります。私はこの言葉を初めて聞いた時、「えっ？　なんでそんなこと言うの？」と思ってしまいました。

何をするにも、人の倍の時間がかかってしまう私にとって、努力すること自体を否定されたような気持ちになったからです。

しかし最近わかってきたことがあります。**「嫌なことを我慢して努力するより、夢中になって楽しくやった方がいい」**ということです。

　ある時テレビを見ていたら、鉄道に詳しい小学生の子どもたちが、鉄道に関する難問クイズに答える番組がやっていました。彼らの知識は非常に専門的で、その道のプロである鉄道関係者も舌を巻くほどです。その子たちは、正解を答えるだけでは満足せず、鉄道に関連する豆知識をそのつど解説してくれます。その解説もとても面白く、思わず聞き入ってしまいました。

「好きこそものの上手なれ」という言葉があるように、彼らはつらい思いをしながら、「鉄道の駅名」や「駅のホームメロディ」を毎日覚えたわけではないでしょう。鉄道が好きで、覚えることが楽しくてしょうがないのです。目をキラキラさせながら答える時の表情や、自分が言おうとしていた答えを相手に言われた時のくやしそうな表情がそれを物語っています。

　そのテレビ番組の影響かもしれませんが、勉強でもスポーツでも、「夢中で楽しむこと」は努力することと同じくらい大切なのだと思うようになりました。そんな「夢中な子どもの姿」にはっとさせられる場面は、実は学校現場にはたくさんあるのです。

キャラクターの名前や、魚の名前を何百種類も暗記している子、折り紙が得意でいろいろな折り方を知っている子、戦国武将についてとにかく詳しい子…。

このような、子どもたちの得意なことや好きなことを認めていくのは私たち大人の役割だと思います。子どもたちのなかに「これだけは、一生懸命続けてきた！」「これだけは誰にも負けない！」と思えるものがあれば、将来どんな仕事をしていく上でも、その自信が「自分の哲学」になっていくと思うのです。

これは、「嫌いなことであっても、なんでも無理に好きになっていきましょう」ということではありません。では、自分がなかなか好きになれないことに取り組まなければいけない時は一体どうすればよいのでしょう？　そのような時は、ただ無理して努力をするのではなく、**自分の「得意なこと」、つまり「自分の文脈」に引き寄せてみる**のはいかがでしょうか。

例えば算数の勉強は苦手だけど、工作は得意という子がいたとします。もしかしたら、その子は、いろいろな立体を何種類もつくっていくことで、立体の特徴に気づけるかもしれません。社会が苦手でも、写真を撮るのが好きな子だったら、夢中で撮った町の写真から、その町の特徴に気づけるかもしれません。このように勉強と自分との間には、何か好きになれる（なれそうな）要素や「つながり」があると思うのです。

こうした「つながり」を見つけて、自分の得意なことからアプローチしていくと、何事も楽しく取り組めるようになっていきます。

これは自分の話になってしまうのですが、前任校は研究校だったため、教師一人ひとりが自分の研究テーマをもっていました。算数を研究されている先生がいたのですが、いつも研究の話が面白いのです。「この先生すごいな！」「どうしたらこんな話ができるんだろう」と思って聞いていました。

私も自分の専門性を高めなければと、毎日ひたすら自分の研究に関連する本を読んだり、授業の動画を見て研究したり、講演を聞きに行ったりしたことがありました。

しかし、努力すればするほど、その先生の研究のすごさがわかって、その一方で自分は全然だめなんじゃないかと思うことがありました。

しかし、その先生がいつも楽しそうにしている姿を見て、ある時気づいたことがありました。「あ、この人は算数の勉強がすごく好きなんだ」「だから自分みたいに努力がつらいとは思ってないんだ」「だから毎日続けられるんだ」とわかったのです。

このことに気づけたことは、自分にとって大きな転換点でした。私も心理学など自分の好きなことと関連させながら研究をしてみようと考えるようになったのです。

自分が好きな要素がなければ、その研究はただの「つらい努力」になってしまいます。何事も「好きだな」「楽しいな」と思いながら勉強している今の方が、無理をして勉強していた頃より、ずっと力がついてきたように思います。

算数好きのその先生が話す研究の話がいつも面白いのは、冒頭の鉄道クイズに答える少年たちと同じ理由だと思います。きっと、「自分が楽しくてしょうがないこと」を誰かに伝えたいという、夢中な気持ちをもっているからだと思います。

「夢中」になっている頭の中

失敗や努力などいろいろなものと関連させながら、「夢中」について説明をしてきました。夢中とは何か、少しつかめたところで、そもそも「夢中」とはどんな状態なのか考えてみたいと思います。

皆さんは「時間を忘れて何かに打ち込んでいた」という経験がありませんか？　ゲームでも漫画でも何でも構いません。先ほども紹介しましたが、好きなことをしている時こそ夢中な状態になりやすいのです。

これは私の感覚ですが、夢中になっている時、人間の頭のなかでは次のページの図のように**「インプット」と「アウトプット」が短いスパンで次々に繰り返されているイ**メージが思い浮かびます。

「やりながら次に何をしたらよいか、どんどん浮かんでくる感じ」というのでしょうか。アイデアが止まらない感じです。

このサイクルが常に起こっている状態＝**夢中**

具体的に、サッカーのリフティングだったらこんな感じでしょうか。

アウトプット　さっきよりリフティングできる回数が増えてきたぞ！

←

インプット　なんでだろう？　足のつま先以外を使うといいのかな？　○○君はもっと力を抜いているな…力の加減も大切かも…

←

アウトプット　よし、もう一回チャレンジだ！

←

インプット　さっきよりうまくできたぞ、今度は本で読んだ「体の動き」も意識してやってみよう…

（はじめに戻り、繰り返し）

また、頭の中が「夢中な状態」になっていると、先ほど紹介したトライアルアンドエラーの状態が自然に生まれやすくなっていきます。

大好きなゲームの裏技を調べて、その技を試してみる。好きな洋画を字幕なしで見るために外国語を覚える…このような時は、リフティングのように短いスパンではありませんが、「夢中な状態」が長いスパンで継続されて、楽しみながらインプットとアウトプットが往還していると考えられそうです。

この夢中な状態を、今紹介したような趣味だけでなく、小学校の授業にも取り入れてみたいと思います。例えば「授業中に子どもたちに出す課題を子どもたちの今の実力よりほんのちょっと難しくする」だけで、子どもたちの授業に対する意識が変わってきます。

当たり前のことかもしれませんが、子どもにとって課題が簡単すぎるとつまらないし、かと言って難しすぎてもあきらめてしまいます。

そんな時、「選択問題にする」「穴埋め問題にする」「途中まで教えて、最後に教師がわざと失敗例を見せる」など、**「あとちょっと頑張れば答えがわかりそうだ」と思えるような適度な課題設定にすることで、子どもたちはより夢中になっていきます。**

授業中の子どもたちの頭を、好きなことに夢中になっている時と同じ状態にできれば、教師・子どもどちらにとってもいいことづくしです。「今日の授業、楽しかったなー！」「え、もう終わり？　まだやりたい」そんな言葉が聞こえたら、大成功ではないでしょうか？「授業を夢中にしていく手立て」については、第2章で詳しくお話ししていきたいと思います。

幼児が教えてくれた「夢中のヒント」

ここまで読んでくださった皆さんには、ここで新しく疑問が浮かんだのではないでしょうか。それは、「授業のなかに夢中を取り入れていきたい。でも、夢中な状態の授業って具体的にどんなものなのだろう？」というものかと思います。私にそのヒントを教えてくれたのは、実は、幼稚園や保育所の子どもたちでした。

小さい子たちが遊んでいる時、まず何に興味を示し、どんなアクションをするかを注意深く見ていくと、彼らがそこで学んでいるさまざまなものが見えてきます。

数年前、私はある地区の幼児教育の研修会に参加したことがありました。今振り返ると、ここで学んだことが、この本を書くきっかけにもつながっている気がします。

その研修会の実践提案が衝撃的だったのを、今でも覚えています。

それは、プレゼンテーションソフトによる資料の提示などではなく、子どもたちがひたすら、幼稚園の遊具の山を登る動画、こまを回す動画について解説するという提案でした。

提案者の先生は次のように丁寧に解説をされていました。

はじめに、子どもが山の遊具を登る動画が流されました。

「この子はね、ここで右足をかけるんですけど、うまくいかないから今度は左足で試、、、しています。でもバランスを崩したから、体を支えようと右手をとっさに伸ばすんですよね。あ、今指をかける位置を少し変えましたね…」

「一回目は登るのに失敗しましたが、あきらめないでチャレンジしてだんだん登れるようになっています。三回目についに登れました。とてもうれしそうな顔をしていますね」

話が終わると、最後、遊具の山の上から滑り台を滑る楽

しそうな子どもの顔が映し出されました。

次に子どもがこまを回す動画が流されました。

「すごいでしょ！　この子。今一瞬自分のこまを投げるのを止めるんです」

「前にいる子にぶつからないようにタイミングを合わせているんですね。そのあと彼は少し後ろに下がって、周りの子どもに迷惑をかけない場所を自分で確保しています…」

「こんなところにも、友だちに対する思いやりなどの人間形成の片鱗が見られるんですね」

その先生の話を聞いた時、頭をガツンと揺さぶられた感覚を今でも覚えています。

「遊び」の中で、こんなにもたくさんの「思考力」や「人間性」などが育まれているんだなと、ただうなずくばかりでした。「トライアルアンドエラーをしながら成長しようとする子ども」と、そして「それを認めて価値づけていく先生」という、私がこれから目指していきたい姿がそこにありました。

私はそれまで「きれいな作品をつくること」「間違えない発表ができること」というゴールイメージばかりに固執し、「やったこと」や「できた結果」でしか子どもたちを評価していなかったのだと痛感しました。自分がきちんと見ていなかっただけで、**その「過程」に、子どもたちを評価するポイントがこんなにもたくさんあった**のです。

幼稚園や保育所の子どもたちは「できた・できない」ではなく、常にいろいろなことを考えながら、トライアルアンドエラーを繰り返しています。しかし、それは小学生や中学生、大人でも同じことがいえるのだと思います。

ノーベル賞を受賞したシカゴ大学 ヘックマン教授の「幼児期の教育がその人の一生を左右する」という研究をはじめ、世界中で幼児教育の重要性が近年注目されている理由がその時納得できたのを覚えています。「幼児教育」には夢中になる子どもを育てていくヒントが他にもたくさんありそうです。この後ももう少し紹介していきたいと思います。

幼稚園の砂場で学ぶこと

もう少しだけ、幼児教育についてお話ししたいと思います。

アメリカの牧師であり哲学者、そして数多くの著書を残したロバート・フルガム氏はこんな名言を残しています。

「人生の中で必要な知恵はすべて幼稚園の砂場で学んだ」

「人のつくったものを壊さない」「道具を独り占めしない」「使う場所を譲り合う」「順番を守る」「誰かを傷つけたらちゃんと謝る」…大人の社会でも大切なことです。先述の「こまで遊ぶ幼児」もそうですが、幼稚園や保育所の子どもたちはその小さな社会のなかで、こうしたことが大切なのだとすでにしっかりと学んでいるのです。

また、小学校に入る前の子どもたちは幼稚園や保育所で泥団子をつくったり、お店屋さんをしたりするのが大好きです。

　こうした幼児の活動を見て感じるのは、**「子どものやりたいという欲求」と「活動」がしっかりと一致している**ということです。つまり「遊び」という活動そのものが「子どもの文脈」や「必要感」にしっかり合っているのです。

　またそれと同時に、このお団子屋さんやお店屋さんにはさまざまな学びの要素があります。

「仲間と道具を譲り合う」「仕事の分担をする」「お団子の数を数える」「隣の人と場所を譲り合う」「お団子がきれいにのっかる形の葉っぱのお皿を探す」…などさまざまな力を駆使して「お団子屋さん」をしています。

　小学校では、数については「算数」で、形や色は「図画工作」で…といったように学びを教科で分断してしまいますが、幼児はこれらの学びを「遊び」という形で見事に統合させて自然に活動しています。

　幼児がどんな文脈で、どんな活動をしているかに注目していくことで、小学校の授業づくりのヒントが見つかりそうです。

小学校の勉強にもこれらの活動に似た学習がきちんとあります。例えば、小学校の「算数」では、「廊下の長さを測る活動」や「水を容器に入れる活動」があります。こういった活動の方が子どもは夢中になって取り組みます。しかし、ただの遊びで終わってしまってはもったいない。その遊びのような活動のなかにはしっかりとした「学びの要素」が散りばめられているからです。私たち教師がその活動のねらいをしっかりと理解して取り組ませることで、活動がただの「遊び」ではなく、きちんとした「学び」になっていきます。

このように、私たちが意識していないだけで「子どもたちが楽しくやっていること」には、実はたくさんの意味があります。幼稚園や保育所で学んでいることは、冒頭のフルガム氏の言葉の通り小学生はもちろん大人になっても使えることばかりなのです。

幼稚園、保育所の先生方のお話を聞くと、いつもその視点をもちながら子どもと接しているので、とても勉強になります。

混ぜたい、破りたい、壊したい

小学校低学年の子どもたちにとって、学校の勉強は何もかもが新鮮で、高学年に比べると楽しそうに取り組む子が多いかと思います。彼らは活動のなかで「水をかけたい」「穴を掘りたい」「色を混ぜたい」…など純粋な欲求をもっています。

大人からすると、「もう、何やってるの？」「余計なことしないで」と思わず言いたくなってしまうこともありますが、そこをちょっと我慢して「待つ」ことで、子どもの力は伸びていきます。

例えば一年生の子どもに新聞紙を与えると、細かくなるまでひたすらびりびりにします。絵の具を渡すと真っ黒になるまで色を混ぜたがります。

この**「〇〇したい」を十分に満足させてやることが大切**だと、先輩の先生から教えていただいたことがありました。

子どもたちは、「絵の具を混ぜたらどうなるのか？」「新聞を破ったらどうなるのか？」

「このおもちゃを分解したらどんな仕組みになっているのか？」…この好奇心が「活動の原動力」になっています。

私たち教師は、子どものこうした「○○したい」という気持ちを十分に試させることなく、「絵の具はこれぐらいの量を使って、パレットのこの部分で混ぜましょう」「赤と黄色を混ぜるとオレンジ色ができます」といったように1から10まで教えてしまいがちです。

しかし、子どもたちは**自分の目や手で「どうなるのか」を確かめたい**のです。自分で飽きるまでやって満足し、自分の頭で納得できたら、もう「混ぜたり」「破ったり」することをしなくなります。次は「もっとよい方法はないか」「もっときれいな色をつくりたい」など次のステージでものごとを考えるようになります。

例えば「自分が納得するまで絵の具で色づくりを試した子ども」は、自分で獲得したその知識を絶対に忘れませんし、これから絵を描く時は、先生に確認しなくても、自分の経験をもとに色をつくることができるでしょう。

逆に大人がすべて教えてしまうと、「先生が言ったことしかやらない子ども」「『これでいいですか？』といつも確認が必要な子ども」に育ってしまうかもしれません。

子どもはとにかく「汚れること」を好みます。その理由の一つとして、**目の前で起きていることを「感覚」を通して理解しようとしている**からだといわれています。葉っぱの上でひたすらジャンプしたり、水たまりの上を歩いてびしゃびしゃにしたり…服も靴も汚します。こんな時、私たち大人は「そんなことやめなさい」「汚れるでしょ」と子どもを止めてしまいます。

しかし、この時に汚れた服は洗えばまた使えますが、その時子どもが「〇〇したらどうなるか確かめたい！」と思った気持ちや「チャレンジしてみたい！」と思った気持ちは、その時を逃したらもう二度と戻ってこないものかもしれません。

私たち大人は、やれ「イノベーション」だとか、「常識にとらわれない新しい発想が必要だ」なんて子どもたちに要求しておきながら、彼らが新しいことを試そうとするきっかけを知らず知らずのうちにうばっているのかもしれません。

教師が「待つこと」の意味

「子どものやりたいことを十分に満足させてあげることが大切」と先ほど紹介しました。

しかし、ここで一つ気になるのが、「時間の制約」ではないでしょうか？　小学校で授業をする時、私たち教師は子どもたちの「チャレンジ」をどこまで待てばよいのでしょう？

もちろん45分の授業のなかで、時間通りにきちんと活動を終わらせることは大切です。授業時間をオーバーして他のクラスの学習の時間をうばうのはよいことではありません。ここで大切なのは、**子どもが何に夢中になって、何を獲得しようとしているかを見極めながら**、必要に応じてギリギリまで子どもを「待つ」ということです。授業中は、いつも「その子が獲得しようとしている力」と「与えられた時間」を天秤にかけながら進めています。

もう少し補足すると、教師がどこで授業を終わりにするかを、**子どもたちにとってどこで終わりだと最高か**という視点から考えることが大切です。「振り返りの時間をとって、みんなでわかったことを共有してから終わらせるのか？」「それとも、このまま、子どもが考える時間を終了ギリギリまで確保して、次回の授業でその続きから始めるのか？」先生方も無意識にやっていらっしゃると思いますが、このような、授業中の一つひとつの判断をする時にはきっと、教師の「瞬発的な授業デザイン力」や「バランス感覚」が発揮されているのだと思います。

授業の最後に学習の振り返りやまとめができなかったとしても、「わからないことがわかった」「次やることが明確になった」という状態で授業を終えることも、一つの授業の閉じ方だと私はとらえています。

授業中、発表が長くなってしまう子や、発表中に自分の考えがまとまらず、止まってしまう子への対応も同様です。45分間という「与えられた時間」と、「その子やクラスの子たちが、今、形成しようとしている考え」とを天秤にかけながら、子どもが意見を言い終わるまで待ちます。こうして待つことで、子どもから思いもよらない意見や新しいアイデアが生まれることもしばしばあります。

時間以外にも、空間や道具など授業にはさまざまな制約がありますが、私たち教師は、自分が進めたいシナリオをちょっと我慢して、彼らが納得してから進められるように「待つ」ことが必要なのだと思います。

「夢中」だったら何をしてもいいの？

第1章で紹介したことをここで一度整理してみたいと思います。

- 「子どもの夢中」はいろいろな力を育むチャンスがあります。
- 「失敗」に対する考え方が、「夢中」を阻む可能性があります。失敗を価値づけていくことで、何事もあきらめず、夢中で取り組む心が育ちます。
- ただやみくもに努力するのではなく、自分の好きなことや得意なことに関連させて夢中になって取り組むことで大きな力につながっていきます。
- 遊びや趣味のように、「もう少しでできそうだ！」というインプットとアウトプットを交えたトライアルアンドエラーの要素を授業にも取り入れていくことで、子どもたちがさらに夢中になっていきます。
- 幼児の「遊び」にはいろいろな学びの要素があり、小学校の授業に「夢中」を取り入れていくためのヒントになりそうです。
- 教師は子どもたちが夢中になって取り組んでいることを「待つ」ことが大切です。

という話をしてきました。

しかし第1章をここまで読んでいただいて、おそらく気になったことがあるかと思います。**「夢中だったら何をさせてもいいのか?」**ということです。

結論は「ノー」です。この本で伝えたいことは、「子どもが夢中でやっていることなら何をしてもよい」ということでは決してありません。

よく言われることですが、**「子どもの意思を尊重すること」と「放任」は違う**ということです。では今度は、「何がよくて何がいけないの?」という話になると思います。

この疑問に対して、私の考える一つの基準を紹介します。それは、**その夢中の活動をすることが、将来子どもの必要な力になっているか想像してみる**ということです。

先ほどの「教師が待つこと」とも重なりますが、もし子どもたちがやっていることが「夢中による自由」か「ただの自分勝手」かわからなくなった時は、「今」よりさらに未来の視点から、**その活動がどんな力につながっていくか**を考えてみてください。

例えば「子どもたちが夢中で工作をしていたら、友だちと道具のうばい合いになってしまった」という場面が発生したとします。

では、この工作はやめた方がいいでしょうか？

その後、子どもたち同士が自分のいけなかったことを反省して「ごめんね」と謝れたり、仲直りをして譲り合って使うためのルールをつくったり、つくりたいものが似ているから、一緒につくってみようと新しい活動につながったり…

このように教師が子どもたちを導くことができれば、この子たちの「夢中によって起きた出来事」は「失敗」ではなく「意味あるもの」だったといえるでしょう。

では、こんな場合はどうでしょう？

道具を振り回して友だちに向けて投げようとしていた。友だちの作品を壊してしまっ

たのに謝らないで隠そうとしていた。体育の授業で特定の子どもだけが有利になるようなルールが決まっていても誰も反対しなかった。……この先に子どもたちのよりよい未来が想像できるでしょうか？　このような場合はすぐにストップするべきだと私は考えます。

そうやって考えていけば、なんとなく、「いいこと」と「だめなこと」の違いや、どこまで待ってそれを見極めるべきかが見えてきます。

さらに詳しくいえば、教師は次の二つをイメージしておくとよいと思います。

①この「夢中の活動」が、この後子どもたちのどんな力につながっていくか
②そしてどうすれば、この夢中の活動をよりよい方向に導くことができるか

子どもたちの活動を見ながら、この二つを自分のなかである程度イメージできれば、じっと待って、様子を見ていてもよいと考えています。

夢中な活動は、活動の自由が増える分だけ、教師の意図しないイレギュラーなことも発生しやすいのもたしかです。しかしその発生したことを教師がきちんと受け止め、意味あるものに価値づけることができれば、**それはただの「失敗」ではなく「学び」につながるチャンスになっていく**のです。

そしてもう一つ大切なことがあります。「子どもが夢中になる授業」をするためには、**「みんなが夢中になって楽しめる」つまり「一部の人だけが得をしたり、嫌な思いをしたりしない」という共通認識が大前提としてあること**です。ここが崩れてしまうと、自分勝手で何の学びもないつまらない授業になってしまいます。

私は、毎年４月の学級開きで、こんな話を子どもたちにします。

「先生は、勉強はみんなが自由にやっていくことがいいと思ってるよ。でも『自由』というのは『友だちの自由』も大切にするということだよ」

この合意形成が取れた状態をつくってから、夢中な授業を始めるようにしています。

はじめのうちは、子どもの自分勝手な行動に対して、こちらからそのつど注意していく必要がありますが、徐々に子どもたちのなかで「夢中にやる自由」と「ただの自分勝手」の違いがわかってきます。

この「夢中」と「自分勝手」に関しては、第2章の最後でも別の視点からお話ししたいと思います。

第2章

夢中になる授業づくりの手立て

「子どものもっている力」を最大限に引き出す

第1章では、「夢中を生み出すための教師の考え方」についてお話ししてきました。第2章では、「夢中になる授業をつくるための手立て」について考えていきたいと思います。

……「授業をつくるための手立て」といっておきながら、その前段階としてまずは「教師の心構え」からお話しさせてください。

「子どもが夢中になる授業」をつくる時、教師が絶対にしてはいけないことがあると思っています。**「しょせん子どもだから」と子どもをあまく見ること**です。

私たち教師は、ついつい勉強は「子どもたちに教えるもの」と考えているところがあります。もしかしたら子どもたちも、勉強は「先生から教わるもの」ととらえているところがあるかもしれません。この意識をまず私たち教師から変えていくことが大切です。

第1章の「努力と夢中」で紹介した鉄道の難問クイズに答える小学生の話のように、日々の授業のなかでも、子どものもっている「知識」の方が、実は大人よりも優れていたり、専門的だったりすることはたくさんあります。

「自分は先生なのだから、子どもたちには何から何まで教えてあげなきゃ」と思っているかもしれませんが、**子どもたちは自分がすでに「もっている知識」や「能力」を使って、きちんと理論立てて考えたり、活動したりすることができる**のです。

思い出してみてください。「昆虫博士」と呼ばれる虫好きな子は、授業中にカマキリの種類や食べもの、卵を産む場所など、私たち教師でも知らないようなことを詳しく教えてくれませんか？

こうした、子どもたちが「経験や生活を通してすでにもっている知識」は「インフォーマルな知識」と呼ばれています。注

このように子どもは、すでに「優秀な存在」です。しかし彼らがもっている知識がすべて正しいわけではないですよね。子どもたちのもっている「インフォーマルな知識」

はその発達段階ゆえ、曖昧だったり、少し不正確な情報だったりすることがあります。

だからこそ、クラスのみんなと話したり確かめ合ったりする「学校での授業」と、「それを支える教師の役割」がこれからも必要なのだと思います。

例えば社会の授業でこんな発言があったとします。

「先生。スーパーで働いている親戚のお兄ちゃんが言っていたんだけどさ…」

こんな言葉を子どもたちがつぶやいたら、私はすぐに「それってどういうこと？　詳しく教えて」と聞いてしまいます。教科書の言葉ではなく「スーパーで実際に働く方の生の声」をその子は知っているわけですから。それは教師の指導書より優れた「子どもの生きた知識」に他ならないのです。

クラス全体で、自分のもっている「インフォーマルな知識」をみんなで確認し合うことで新たな「問い」が生まれたり、「それってどういうこと？」とツッコミが出たり、

「へえ、なるほどね」と驚きの声があがったり…。

教師がただ一方的に教える授業なんてもったいないと思います。35人のクラスで子どもがすでにもっている知識を授業に生かしていくことで、「35通りの視点」「35倍深い授業」が実現可能になりそうです。

こうした**「子どもたちがもっている力」を最大限に引き出す授業をつくることが私たち教師の役目**です。子どもが真剣な目をして手を挙げていたら、ぜひ子どもの発する言葉に耳を傾け、最後までじっと聴いてみてください。きっと私たち教師も知らなかった新しい学びのドアを開いてくれるはずです。

注

たとえば「『資質・能力』と学びのメカニズム」（二〇一七年、東洋館出版社）において奈須正裕氏は、学校の授業で正規に指導してきた「フォーマルな知識」に対し、個々人の生活経験や主観的解釈によって培う学びを「インフォーマルな知識」と説明しています。

子どもの意見にのっかる方が面白い

先ほど、子どもたちの発言をじっと待って、最後まで耳を傾ける姿勢が大切だという話をしました。しかし子どもたちは授業のなかで、突拍子もないことを言い出すことはありませんか？　昔、算数の授業でこんなことがありました。

「面積ってなんでかけ算するんだろうね？　縦と横の長さを足し算しても大きさは比べられるよね？」と私が質問しました。すると、クラスのある男の子からこんな答えが返ってきました。

「はーい先生。だって面積は『めん』の『せき』だからでーす」

教室からゲラゲラと笑いが出て、その時私も、「またふざけたことを言っているのかな」とつい思ってしまいましたが、その子の表情は真剣です。

「どういうこと？」と私がたずねると、

「だから面積っていうのは、この１センチの四角の面（正方形）がいくつか出すってことでしょ。だから足し算じゃダメなんだよ。面積は面の積（かけ算）じゃないと解けないってこと！」

つまりこの子は、はじめから言葉の意味をしっかりと理解していて、面積はかけ算で求めるべきだとわかっていたのです。私たち大人は、言葉の意味をよく考えればわかることであっても、それを当たり前に思っていて、本当に大事なことが見えていない時が結構あるのだと気づかされました。

私はこの時、子どもの考えを侮ってはいけないのだと、改めて思いました。授業に年齢や経験など関係ありません。教師と子どもの真剣勝負と思ってかからないと、こちらが足をすくわれてしまいます。夢中で、真っ直ぐ、そして真剣な子どもの言葉の方が、ものごとの本質に迫っていることが多いのです。

これは国語、社会、算数、理科、生活、道徳、図工…どの教科でもいえることです。

まず子どもの意見を最後まで聞いて、そこから**子どもたちの意見にのっかって**みてください。

「子どもの意見にのっかる」というのは、**子どもの意見の価値を見つけ出し、それをもとに授業の流れをつくっていく**ということです（実際の子どもたちとのやり取りは第3章で詳しく紹介しています）。

もしその「突拍子もない発言」が、本気なのかふざけて言っているのかわからない時は、**「なんでそう思うの？」**と子どもに素直に聞いてみてください。ふざけている子どもは理由を聞くと途中でつじつまが合わなくなってしまいますが、真剣に考えている子は、（多少答えにつまることはあっても）「なんで？」「どういうこと？」とこちらが聞くことでそ

なんでそう思うの？
それはね…

考えている時は

なんでそう思うの？
えっと…

ふざけてしまっている時は

の考えを整理して、どんどん説明してくれます。

あくまで個人的な感覚ですが、手を挙げて、真剣な目で何か伝えようとしている子の意見は授業を面白くしてくれるものが多いと感じます。

私は、授業は子どもと創る「大喜利」だと思っています。誤解を招くといけないのではじめに断っておくと、授業にお笑いの要素を入れましょうとか、先生がボケて子どもたちを笑わせましょうという意味ではありません。

あるお題に対して、私なりの答えを用意して、「先生はこう思うんだけど…」と子どもたちに問いかけることで、それに対して、「違うよ！」「なんで？」「僕はこう思う！」と全力で別の答えを返してもらう。そんな学びのキャッチボールを楽しむイメージです。

子どもと私の意見にズレがあった方が、私もその理由を知りたくなります。そういった授業の方が素直に「面白い」のです。

こうした授業での経験を重ね、「子どもに教える」という考え方ではなく、「子ども

たちから教えてもらう」「子どもたちと授業を創る」という考えに変えた現在の方が、ずっと授業を楽しむことができるようになりました。

「今日は子どもたちからどんな知らないことを教えてもらえるのだろう」「子どもはこの問題に対して、どんな切り口で答えてくるだろう」といった、「授業がどこにたどりつくかわからないワクワク感」を楽しんでいる自分がいます。

ひとつ前の項目で、35人学級ならば「35倍深い授業」ができると書きましたが、**教師も一緒に授業を創る「36人目の学習者」**になることで、36倍、またはそれ以上の「深くて楽しい授業」ができそうです。

「もうわかっていること」は飛ばしていこう

例えばこんな社会の授業があったとします。

Ｔ「みんな今日は何の勉強をやるのかな？」
Ｃ「農家の米作りの工夫！」
Ｔ「では米を育てやすい地域の条件は？」
Ｃ「広い平地がある！　一日の気温差が大きい！　水が豊富！」
Ｔ「農薬を使わない方法は？」
Ｃ「合鴨農法！」…

子どもたちはノリノリで答え、教師の呼びかけにみんなが答えるコールアンドレスポンスのような授業です。

授業の導入としてはＯＫなのかもしれませんが、子どもがみんなで45分間、大きな声で答えを発表していればよい授業かといったら、そうでもないような気がするのです。

45分の授業のすべてが、一問一答、手順の説明、マニュアルの確認といった、「子どもたちのなかですでに答えがわかっていること」の発表で終わってしまうのはちょっともったいない気がします。

もう一つ別の例を挙げてみたいと思います。

「友情」について考える道徳の授業で、教材文を読んだ後にこんな発問をしたとします。

①「お話で主人公は誰だったかな？」
②「他にはどんなお友だちが出てきたかな？」
③「みんなでどこに行ったのかな？」
④「そこで何が起こったのかな？」
⑤「主人公の○○君はこの時どんな気持ちだったかな？」
⑥「正直に友だちの悪いところを注意した○○君のことをみんなはどう思う？」
⑦「本当の友だちって優しくするのがいいのかな？　厳しくするのがいいのかな？」

このような問いかけで授業を進めてしまうと、本時の中心となりそうな「⑦の発問」をする頃には、もうすでに授業が終わりの時間になってしまうのではないでしょうか。

私は、最初の①〜④はただの事実の確認であり、極端な話ですが30秒で終わらせてもよい内容だと思います。

それよりも、この授業で本当に大切な「友情」に迫る⑤〜⑦についてしっかりと話し合った方が、授業はきっと盛り上がるはずです。

これは私の考え方ですが、授業では、あえて「答えが一つになるような質問」や「事実の確認だけになってしまう質問」をできる限りしないようにしています。

手順や、マニュアル、年号、用語などの確認を全くしないというわけではないのですが、授業をしながら「今自分が話しているこの質問は何が大切なんだろう?」「どうやって聞いたら子どもはこのことについてもっと考え、悩むんだろう?」ともう一人の自分が、授業をしている自分にツッコミをいれている感じで常に授業をしています。

別の例を挙げてみます。生活科の授業で、「みなさんこれは何の種ですか？」「アサガオですね」「種をまずどうしますか？」「土に埋めたら次に何をしますか？」「水をあげたらどうしますか？」…という、手順や確認の質問ばかりを自分がしそうだったら、授業をしている自分自身にツッコミをいれて、こんな切り口の授業に変えるようにしています。

T「みんなは、なんで毎日アサガオにお水をあげているの？」
C「だって毎日あげないと芽が出ないでしょ」
T「でもさ、先生、実は昨日お水をあげ忘れちゃったんだけど、今日見たらちゃんと芽が出てたんだよね。…不思議だね。お水をあげなくても育つってことかな？」
C「いやそうじゃなくて、水をあげなくてもいい時とか場所がきっとあるんだよ」
T「そうか。雨の日とかは、たしかに水をあげなくてよさそうだけど、じゃあ水をあげなくていい場所ってどんなところかな？」
C「きっと土とかに秘密があるんだよ」
T「お水をあげなくてもいい土があるってことかな？　今度いろんな土に種を入れて比べてみようか」…

このように、アサガオの種から「土」や「水」の秘密に焦点を当てた方が授業が面白くなりそうです。

こんなふうに、すでにわかっていることや知っている事実ではなく、**「まだ知らない」「よくわからない」ものを対象にした発問に変えていく**ことで、子どもは「なぜだろう？」と疑問をもち、**自分たちの知識を最大限に活用しながら解決していく**ようになります。

「45分間の授業でどんな質問をするか」というマニュアルがあった方が、たしかに教師も安心して授業ができます。しかし、そのマニュアルに書かれている以上の学びはきっと生まれてこないと思うのです。

自分の想定していることと子どもの意見にズレが生まれたら、逆にそのズレを生かしたり、広げたり…自分がこの授業で教えたいことと何がつながるのかを考えて発問を変えるようにしています（第1章で「うまくいかない状況を楽しむこと」や「ピンチをチャンスに変えること」が大切だと書きましたが、これは子どもだけでなく授業をする教師にも当てはまりそうです）。

「当たり前のこと」や「もうわかっていること」を確認することが大切なときももちろんあるのですが、毎時間の授業がそれだけになってしまうと、子どもが自ら学ぼうとする意欲や夢中になるきっかけが失われてしまうと思います。「今まで知らなかったこと」「考えなかったこと」を授業のなかで学ぶ機会を、教師が先ほど紹介したようなプロセスで授業に組み込むことが大切だと思います。

わかりきったことを飛ばして、「そもそもなんでそうなってるの?」という本質を考えさせることが授業を夢中にしていくカギになっていきます。

授業づくりのはじまりはこの二つから

ここまで、授業中にいかに夢中を生み出すかということをお伝えしてきました。今度は、その前段階である「授業づくり」において夢中を生み出す手立てを紹介します。

授業を考える際、みなさんは何から考え始めますか？　人によって授業のつくり方は違うと思いますが、私は子どもたちが夢中になる授業を行う上で、まずこの二つを意識しています。

> ①教材の研究
> ②発問の抽象度の設定

これらが授業づくりで大切であることは、先生方もご承知だと思いますが、私は子どもたち主体の授業を実現していくために、特に大切な要素ではないかと感じています。同じ教材を扱う場合でも、この二つにどれだけ時間をかけるかによって、全く違う授業になるような気もします。ここでは私の考える①と②の手立てを紹介していきます。

①教材の研究

教材研究そのものについては、ここで言うまでもありませんが、社会の専門書などを読んだり、国語だったら作者の経歴を調べたり、図工や体育だったら、この材料や道具で何ができるかという活動の可能性を模索するといったことです。

私にとってこれらの研究は、授業で子どもにそのことを「教えるため」ではなく、**教師があらかじめ「知っておく」ことで子どもたちの言った意見や、疑問に価値づけをできる**ようにするためのものです。

教師がその教材についてあらかじめ研究しておくことで、教師が自分の考えと違うと思って、子どもの意見をスルーしてしまうようなことがなくなったり、その結果、子どもたちがさらに自由に発言をすることができたりすると感じています。

例えば、先日子どもからこんなことを聞かれました。

「先生、わたしが歩くと周りの景色は動くのに、なんで空の雲は動かないの？」

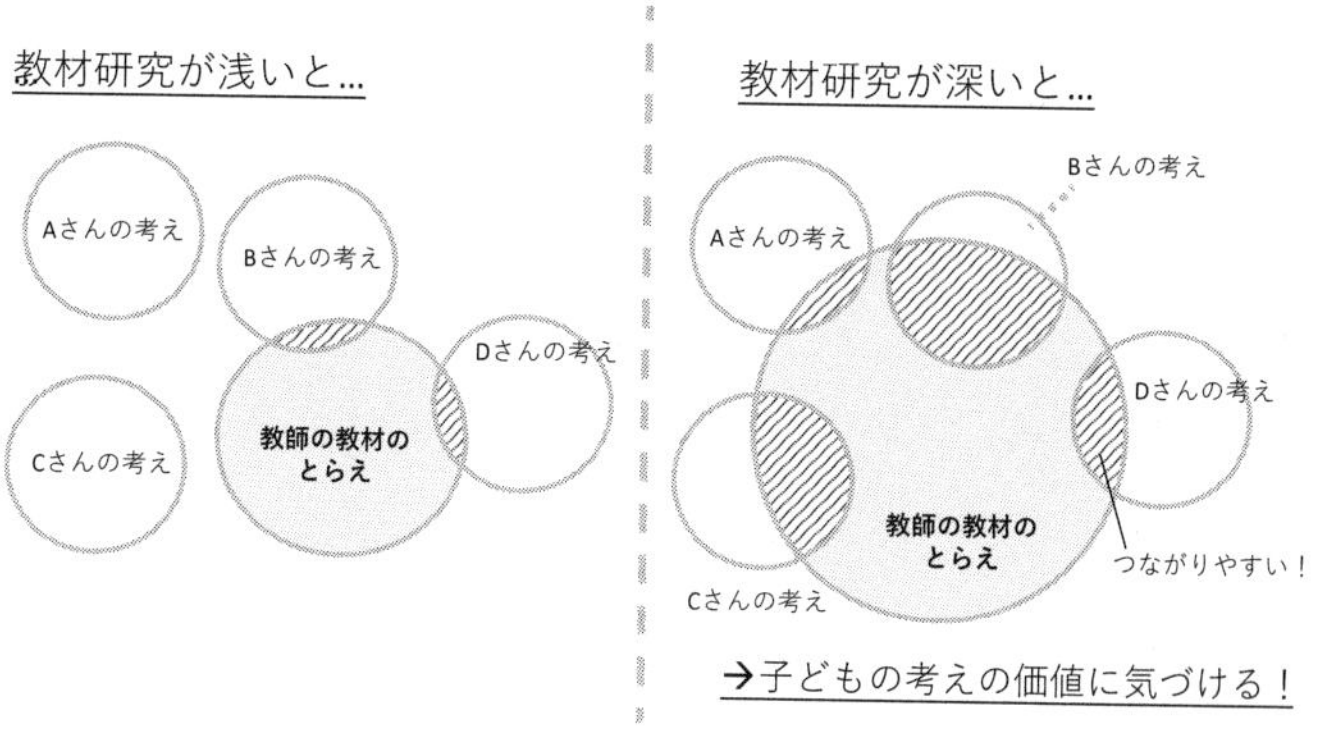

これは遠くのものに対して、近くのものは移動すると視界に入りきらなくなるという「視角」によって生じる現象です。これを子どもに教えよう、ということではありません。教師が「知っている」ことが大切なのです。

もし私が「視角」を知らなければ、先ほどの子どもの質問に対して、「当たり前のことをなんだか小難しく言っているな」で終わってしまうかもしれません（子どもたちが質問していることは本質的であるのに、大人がそれに答えられないということは、結構あると思います）。

しかし「お！　なかなかいいところに着目しているな」とその質問の価値に気づければ、次のように学びをつなげていくことができます。

「ああそういえば、先生も電車の窓から景色を見た時にさ、近くの家はすごく速く動いていたんだけど、遠くの山はあまり動いてなかったんだよね。それとなんか似ているよね」
「近くと遠く、どっちの方が動きが速くなるのかな？　なんか決まりがありそうだね」
と、子どもの発言を広げていくような声かけをすることができます。このように、自分が趣味で読んでいた本に書いてあった知識が授業のなかで急に役に立つということが結構あります。

一見すると見過ごしてしまいそうな子どものつぶやきも、教師が教材研究をしていることで、学習とつなげて、「おもしろい視点だね」「実は〇〇とはこういう関係があるんだよ」というように価値づけすることができるのです。

これは図工や体育などの実技系の教科でも同じことがいえます。その材料や道具を扱う時にどんなコツが必要か、どうするとうまくいくか、別のやり方もあるのではないか…事前に自分で研究しておくことで、授業中の子どもたちの活動に対して、意味のある声かけや価値づけができるようになります。

例えば、私がよくやっている教材研究は次のようなものです。

●**国語**…作者の経歴について調べる。作品に対する解釈、疑問点、感想など、さまざまな立場の意見を整理する。

●**社会**…関連する専門書で異なる意見が書かれているものを読み比べ、それぞれの立場を整理する。

●**算数**…そもそもなぜそのきまりや定理が発明・発見されたのか、日常で知っているとどんな時に便利なのかを調べたり考えたりする。

●**理科**…その現象が、日常生活のどのような場面で見られるか、また、実験結果に誤差が出る理由を調べたり考えたりする。

●**道徳**…その内容項目に関する名言などを調べて意味ごとにまとめてみる。

すべての教科の教材研究において言えることですが、さまざまな解釈や考え方を知った上で、「その教材に対する自分なりの解釈」を授業前にもっておくことが大切です。

このことを強く意識するようになったのは、附属鎌倉小学校時代の同僚の先生方の影響が大きいと思います。

国語を専門としている先生のなかには「教材研究が趣味」と言って、物語であれば、作者の出身地、生年月日、その他の作品や、作品がつくられた時の「時代背景」、そしてそのことが作品に与えた影響まで分析していらっしゃる方もいました。

私も、授業をより深いものにしていくために教材研究をするのですが、実際に授業をしていると、教材研究で気づけなかったことを発見できることもあります（詳しくは第3章の授業でお話ししたいと思います）。

②発問の抽象度の設定

次に発問についてお話しします。授業の発問を考える際に気をつけていることは、

- 答えが一つではなく複数ある発問（オープンエンドの発問）にすること
- 答えにさまざまな広がりや関連があり、分類、集約することができる発問にすること
- 大人でも思わず、考えてしまうような発問にすること

といったことです。

具体的に発問を考えながら説明していきたいと思います。

例えば、社会科の授業で自動車工場で働く人たちの仕事について考える時、「自動車工場で働く人はどのような仕事をしているのか？」という発問をしてみたとします。その場合、考えられる回答の一つは以下のものでしょう。

プレス↓溶接↓塗装↓組み立ての順に行い、ラインを止めないようにしている。

この発問だと、教科書に書かれている用語や手順の確認になってしまい、子どもたちからは一定の答えしか出てきません。

では、「自動車工場で働く人のためにどんな工夫があるのか？」という発問にしてみるとどうでしょうか？

この発問であれば、教科書に直接答えが書かれているわけではないので、自分のもっている知識や情報も総動員させないと答えられません。子どもたちは教科書の図や写真をあちこち見たり、友だちと話し合ったりして答えを探し始めます。このような発問に

した場合、

- ミスがないように分担を決めてラインで作業をしているよ。
- 途中で疲れないように交代して休憩をとっているよ。
- 冷暖房や空調を管理して働きやすい職場にしてるよ。
- お父さんから聞いたんだけど、夜勤と日勤で交代しているんだって。
- 教科書のここの写真を見ると厚い手袋と厚い靴を履いている。これで手や足を守っているんだね。
- 教科書に、体が不自由な人たちでも働ける職場って書いている。これって、今総合的な学習の時間で調べているSDGsの考え方だよね。
- 作業を効率化する工夫、健康・安全に対する工夫、いろんな側面があるね。

などのさまざまな意見が出てくるようになります。

このような発問を設定することで、**「工場で働くための工夫」が一つひとつ関連づいて**、「しっかりとした知識」となり子どもたちの頭に保存されていきます。

発問の抽象度の設定

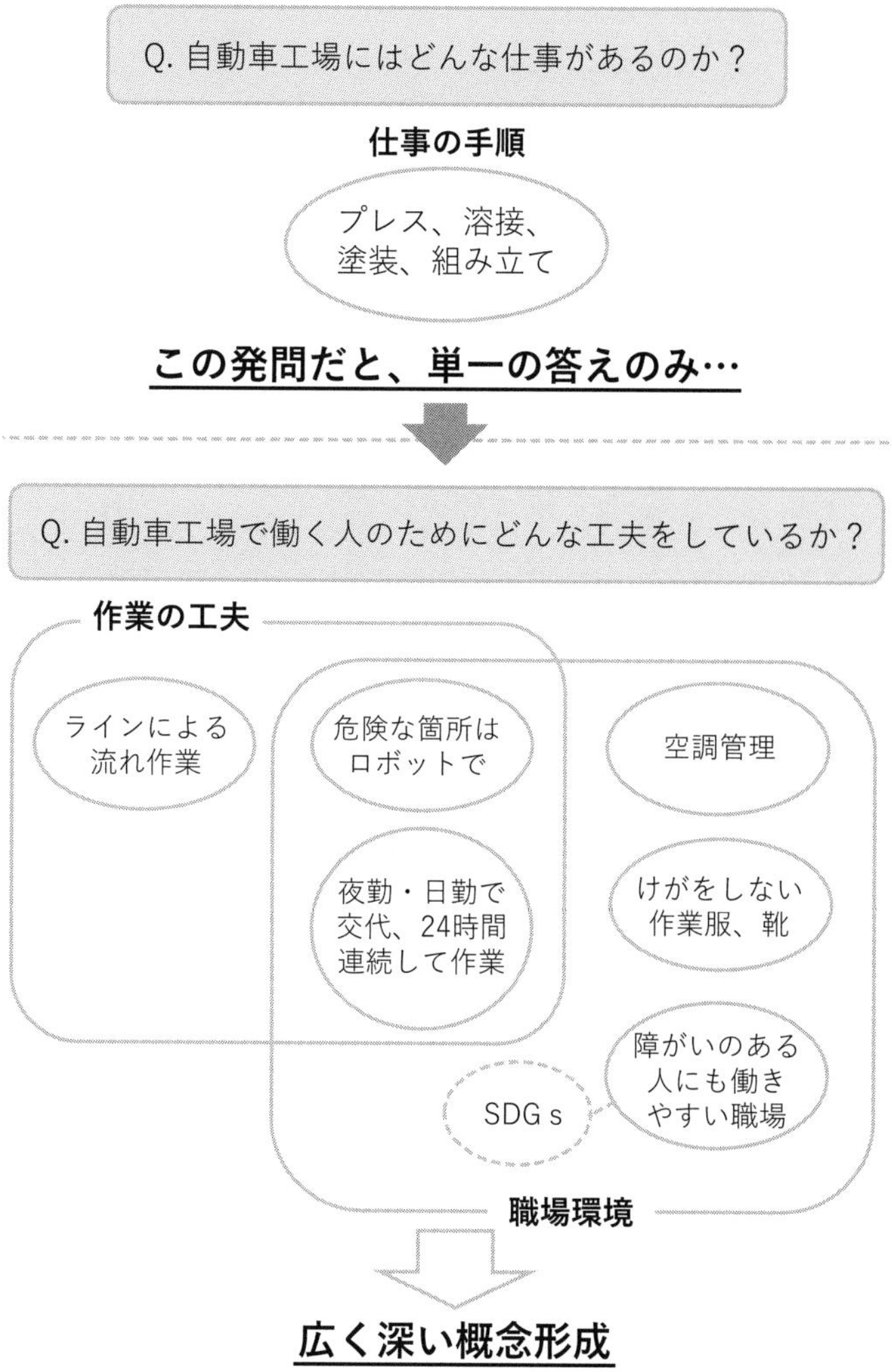
Q. 自動車工場にはどんな仕事があるのか？
仕事の手順
プレス、溶接、塗装、組み立て
この発問だと、単一の答えのみ…
Q. 自動車工場で働く人のためにどんな工夫をしているか？
作業の工夫
ラインによる流れ作業
危険な箇所はロボットで
夜勤・日勤で交代、24時間連続して作業
空調管理
けがをしない作業服、靴
障がいのある人にも働きやすい職場
SDG s
職場環境
広く深い概念形成

また、「発問の抽象度」をきちんと設定することは、板書をする上でも効果がります。板書は概念形成の足跡です。きちんとした発問をしていくことで、内容がひとつ前のページの図のように広く深いものになっていきます。

このように、答えが限定的にならず、広がりや関連性のあるものになるよう発問を考える。そしてその「発問の抽象度」を、子どもたちにとってちょうどよいものにする。そうすることで、**子どもたちが課題を自分ごととしてとらえ、「夢中になって取り組む授業」につながっていきます。**

発問を考えてみたら、授業をする前に一度読み直してみることをおすすめします。**「いろいろな答えがありそうだ」「まだまだ調べたらわかりそうだな」**とワクワクする発問になっているか、子どもの気持ちになって、事前に何度もチェックするとよいと思います。

「もやもや」の言語化

授業中、教師の「発問」などに対して、「先生それってどういうこと?」「僕の家ではこうしてるけど…」など、子どもたちは自分の感じたことや疑問に思ったことをつぶやくことがあります。

このように「問い」が子どもたちのなかに生まれた時こそ、**子どもたちが学習を真剣にとらえている瞬間**なのだと私はとらえています。子どもたちが「知りたい」「聞きたい」「調べたい」という気持ちになっている時、子どもたちは学習を自分の生活や経験などに引き寄せて考えていて、**学習がちゃんと「自分の文脈」にのっかっている状態**だといえるからです。

こうした子どものもつ「問い」は、授業を深いものにしていきます。しかし、「その質問は今関係ないよ」とか、「中学校で勉強するから今日はやらないよ」などと言って、教師が子どもから出たせっかくの「問い」をつぶしてしまうと、子どもの学習意欲を奪ってしまうことにもつながりかねないので、注意しなければいけません。

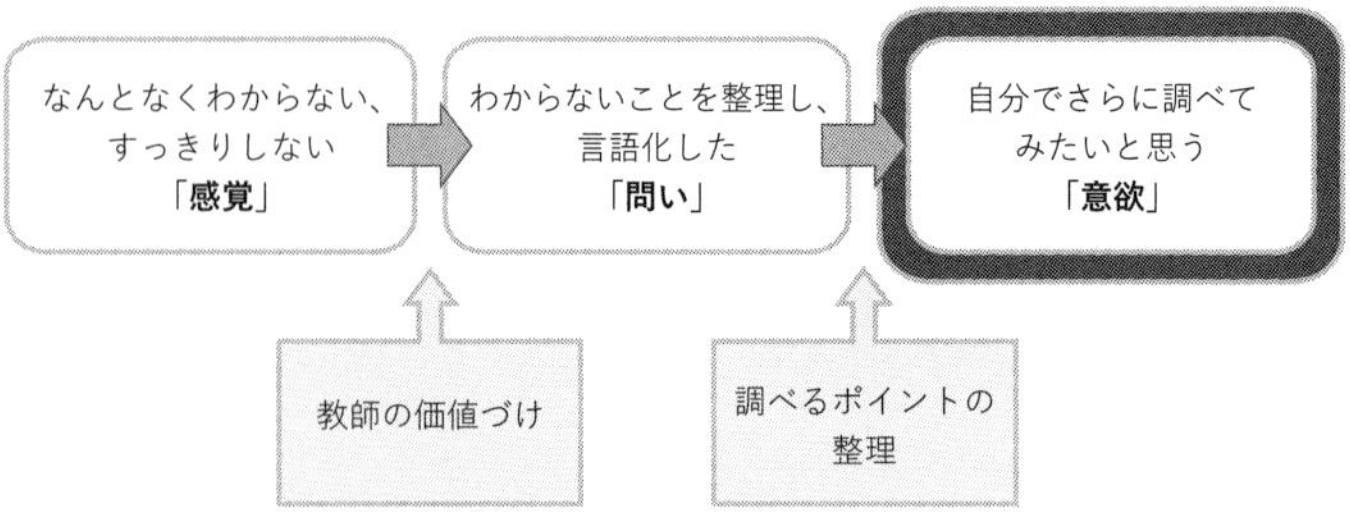

子どもが授業のなかで「問い」をもったら、周りの子どもたちに「そうだね。じゃあこのことについて知っている人いる？」「他に知っていることある？」と聞いてみてください。子どもたち同士の教え合いや、対話による問題解決が自然に生まれていきます。

しかし、友だちの考えを聞いても、授業のなかで答えが出せない、そんな時もあるはずです。そんな時は、黒板の端に子どもから出た「問い」をメモした紙を貼ってあげてください。これは教師が出した課題ではなく、「自分たちが本当に知りたいと思ったこと」なので、子どもたちはその問いや疑問をノートにメモして家でしっかり調べてきます。

このように、子どもたちが抱いている「もやもや」を「自分の中の問い」として言語化し、みんなの前で発表できた時点で、実はその疑問の半分は解決しているのです。

裏を返せば、**授業における教師の役割は、「問い」を整理して、子どもたちが「調べたくなる状態にすること」「解決したくなる状態にすること」**です。つまり子どもたちの「わからないことがわからない」状態から、「これを調べたら何かがわかりそう」「これがわかればすっきりできそう」という状態にまでする手助けをすることだと考えます。

45分の授業のなかで答えが出なくても大丈夫です。もし時間内に「答え」が出なくても、「子どもから出てきた問い」や「この授業でわからなかったこと」を整理して、次の授業でそこからまたスタートすればいいわけですから。

また、子どものなかでこうした問いが生まれる時には、主に次の４つのズレがあると考えられます。少し整理してみます。

1．前時の授業とのズレ

（算数などで）昨日の授業まではこのやり方で解けたのに、なんで今日の問題だと解けないのかな？

2. 教材・題材と自分の経験とのズレ

（社会などで）先生！　教科書には、部品をつくる工場と組み立てる工場が分かれているって書いてあるけど、僕のおじさんの工場は両方やっているって言ってたよ。なんでかな？

3. 友だちとのズレ

（理科などで）あれ？　他のグループのふりこの実験結果はみんなほぼ同じデータになったのに、なんで自分たちのグループはこんなにデータが違っているんだろう？

4. 学習のはじめと終わりのズレ

（道徳の授業終盤などで）あれっ？　授業の最初はみんな「時間やきまりが大切」と言っていたけど、なんで今は「親切にすることが大切」という意見に変わったのかな？

これらはすべて子どものなかから生まれている問いなので**「子どもの文脈」に合ったものになりやすい**といえます。逆にいえば、この四つの場面を教師が意識的に設定することで、子どもたちから授業の本質につながる「問い」を導き出すこともできるといえます。

「自分だったら」を引き出す教師の手立て

先ほど、「学習を自分の文脈にのせる」という話をしました。ここではそれに関連して、「自分ごとにする」ことについて紹介します。

「自分の文脈」と「自分ごと」、少し似た意味に感じられる方もいらっしゃると思うので、まずは二つの言葉に対する私のとらえ方を説明したいと思います。

先ほどの「自分の文脈にのせる」というのは、第１章の「努力と夢中」で紹介したように、自分のもっている知識、生活経験、得意分野を学習と関連させながら、その内容に深く迫っていくイメージです。

一方ここで紹介する「自分ごとにする」というのは、もう少し踏み込んで、課題に対して、「当事者意識」をもつというイメージです。人によってさまざまな答えがある現実社会のなかで、**その当事者として、今の自分の考え方、立ち位置は「ここです」という答えを示すこと**だと考えます。

ではこの「自分ごとにする」に焦点を当て、もう少し具体的に説明したいと思います。例えば、近年プラスチック製のストローを削減する運動が世界で見られるようになりました。そのこと自体はとてもよいことですが、一方で、プラスチック製ストローがなくなってしまうと困る人々もいます。「曲げやすい」「使い捨てで衛生的」という理由からプラスチック製ストローを使用している、介護施設などです。もしプラスチック製ストローがなければ、寝た姿勢のお年寄りの方に飲み物を介助することが難しくなってしまうそうです。

つまり、「プラスチック製のストローの生産をなくせば社会のすべての問題が解決する」というわけではなく、**それに伴う新たな問題も考えなければならない**ということです。

そうなれば、プラスチック製のストローを「なくす」でも、「なくさない」でもない、「自分なりの答え」が必要になってきます。これは、「みんなの共通認識」「社会の一般常識」からさらに一歩踏み込み、その上で「自分の答え」や「自分の立ち位置」をもつことなのだと考えます。

このように「課題を自分ごとにする」ことは、子どもたちが課題に没頭し、夢中で取り組む上で重要な要素だといえます。では、授業のなかでこうした「自分ごとの学び」を生み出すために、教師はどのような手立てを講じればよいのでしょうか？

次に紹介する手立ては、自分としての答えを考えていく、社会や総合的な学習の時間、道徳などの授業で特に有効だと考えています。

①極端な質問をしてみる

今、ＳＮＳによるトラブルが社会問題になっています。少し極端な話ですが、社会の授業で「こんなにトラブルがあるなら、スマホやＳＮＳなんて世の中からなくなってしまえばいいよね」と投げかけてみたとしたら、誰もが「そうですね」とは思わないでしょう。ＳＮＳがあることによってもたらされた「よい面」もきっとあるはずだからです。

同じように、道徳の授業で、

「挨拶はいいことなんだよね。じゃあ明日から知らないおじさんや赤ちゃん、出会ったすべての人に挨拶をしなきゃね」

と質問してみます。「さすがにそこまではしないなあ」と思う人が多いでしょう。かといって、

「じゃあ挨拶なんて別になくても困らないんじゃない？」

と質問されても、これもまた賛成する人は少ないと思います。

このように、今社会で起きていることやその解決方法は、０か１００で割り切れるものばかりではないと思うのです。そのため、「極端な質問」をして子どもの考えをゆさぶると、その子自身が、自分にとって「本当に大切なこと」「自分の立ち位置」が何なのかが少しずつわかるようになってきます。

「自分ごととして考える」ということは、「きれいごとをたくさん言える」ことでも、「実際にはどうせできないし」と諦観ばかりを示すことでもありません。**二つの相反する現実や考えを理解した上で、「自分はどうするべきか」を考えていくこと**です。例示したような極端な質問をすることで、「先生！　そうじゃなくて、ぼくは、わたしは、こうしていきたいんだ」という、子どもの心の奥に眠っている考えを言語化できるようにしていきたいのです。

②教材の条件を変えてみる

道徳の教材の結末は「よいことをしたらよいことが起きた」「いけないことをしたら悪いことが起きた」といったように、行動と結論がまっすぐ結びついている「当たり前の話」「教訓的な話」が多いと思います（もちろん、話の終わりに問題提起がされていて、子どもたちに考えさせる教材もたくさんあります）。

では、このような「当たり前の教材」はどのように扱うとよいでしょうか？　私はこんな時、教材の「設定」を少し変えて「例えば」の質問をするようにしています。

例えばこんな話があったとします。

「主人公は友だちから借りた鉛筆削りを壊してしまった。正直に謝ったら友だちも許してくれて二人とも心がすっきりとした」

このような「当たり前の話」の場合は、条件を少し変えて子どもたちに聞いてみます。

「主人公は友だちから借りた鉛筆削りを壊してしまった。だけどほんの少し壊れただけだったらどうなのかな?」

「どちらともいえない状況」や「葛藤する場面」でこそ、冒頭で説明した「当事者意識」が生まれます。

この教師の質問に対して、子どもからこんな答えが返ってきたとします。

「借りたものを壊してしまったら、ほんの少しであったとしても正直に謝った方がいい」

このように、「もし○○だったとしても□□である」と**条件を変えてもゆるがない考え**が子どもたちから出た時は、相反する二つのものを統合し、さらに深い視点でとらえた考え、つまりものごとの本質に迫った答えになっていると考えられます。

③別の立場で考えてみる

社会の「魚の養殖」の学習では、養殖をする人の苦労や努力が紹介されていますが、それだけでなく、「スーパーで魚を売る人の立場」、「魚を食べる私たち消費者の立場」なども同時に考えていくと学習が深くなっていきそうです。さらにいえば、食べられる

「魚の立場」も考えるようにすると、自然環境や生態系についても考えるきっかけになっていきそうです。

この考え方は、道徳の授業でも応用が可能です。お話の中心となる人物以外の視点を取り入れると、その話のなかで起きていることが立体的に見えてきます。教材が、主人公と喧嘩をしている二人の子どもの話だったら、その時「周りのクラスメイトは」「先生は」「家族の人は」どう思ったのだろうかと、別の人物の視点で考えてみると、さまざまな面が見えてきます。

人間だけでなく「自然」や「動物」の立場だったらどうなのか、また「別の国の人」だったらどのように感じるかを考えていくことも効果的です。いろいろな人の立場や気持ちがわかった上で自分の考えをもつことで、その幅が広く豊かになっていきます。

＊

このように、教材に書かれていない部分に子どもたちが気づくための教師の「ゆさぶり」が大切です。第3章でも、この手立てを応用した道徳の授業実践を紹介しています。

「教材の可能性」×「ルール」×「場の設定」で授業アイデアは無限大

先ほど紹介した「教材の研究」と「発問の抽象度の設定」は、すでにある教材をどのようにより効果的に生かしていくかという、いわば「1から10の発想」でしたが、ここでは、何もない状態から授業づくりをする「0から1を生み出す発想」を紹介したいと思います。

授業参観や研究授業で、「教科は決まっているけど、どんな授業をやったらよいか思いつかない」という経験が、みなさん一度はあるかと思います。

「授業のネタが尽きた」なんて言うけれど、意外と授業づくりのヒントはたくさんあります。

ここでは私の授業アイデアのつくり方を紹介したいと思います。私は授業を「0からつくる時」には、次の三つの視点から考えています。

①教材の可能性の模索
②ルールの設定
③場の設定

①教材の可能性の模索

「教材の可能性の模索」とはすなわち、**その教材の可能性を模索し、教材の魅力を引き出していくこと**です。

授業のアイデアが思いつかない時、私はひたすら「その教材でできること」を書き出してみます。

例えば体育の授業で、「ボール」を使った授業をしたいとします。まずはボールを使って「何が」できるか考えてみます。

「投げる」「キャッチする」「弾ませる」「パスする」「的に当てる」「蹴る」「ころがす」……その材によってできることが意外とたくさんあることに気づきます。

「柔らかいボールを使うか」「固いボールを使うか」によっても、活動の可能性が変わってきそうです。

それでも思いつかない時は、インターネットの画像検索を活用してみてください。文字で書かれた指導案などではなく、子どもが実際に活動している画像の方がイメージが浮かびやすいかと思います。「体育　ボールを使った運動」などで調べると、ヒントになりそうな子どもたちの活動の画像が出てくるので、そこからぼんやりとイメージを広げていきます。

②ルールの設定

①で「柔らかいボールを使って的に当てる授業をしよう」となんとなくイメージが思いついたとしましょう。次は、「ルール」を考えてみます。

先ほど紹介した「発問の抽象度」と、基本的な考え方は同じです。**「子どもたちがいろいろなやり方を工夫できる」「どの子も思わずやってみたいと思える」「やってはいけないこととやっていいことの違いが明確でわかりやすい」**と思うルールを設定することが大切です。今回は、以下のようなルールを設定してみます。

- シュートする前に、必ずメンバー全員にパスをしなければいけない。
- コーンの周りに引かれている線の外側からしかシュートはできない。

●的のコーンにボールを当てるだけでも1点入る。コーンを倒したら3点入る。

こうしたルールを設定することで、子どもたちは決められた条件のなかで次のように工夫して作戦を考えていこうとします。

●メンバーにパスしやすいように、攻撃する時の隊形も考えたいな。

●この線より前でシュートは打てないから、コーンを倒すには結構強くボールを投げないといけないな。

●ただコーンに当てるだけでも1点入るなら、思いっきり投げてミスするより、何回も攻撃のチャンスをつくって1点を確実に狙ったほうがいいかもな。試合後半で負けていたら、どんどん、コーンを倒すようにして、逆転を狙う作戦に切り替えようかな…。

もし前述のようなルールを全く設定していなかったら、運動神経のいい子がただボールを独り占めして、コーンの近くまでボールを運び、コーンにぶつけるだけの、何も楽しくないゲームになってしまうでしょう。

ルールの加減ひとつで、子どもの夢中の度合いも変わっていきます。逆にルールをたくさん設定しすぎると、今度はルールを覚えきれなかったり、ただルールを守るためだけの試合になったりしてしまい、活動が制限されてしまいます。

このルールの設定は、決して体育などの実技教科でしかできないというわけではありません。例えば国語だったら、

「逆説の接続詞を必ず使って感想を書きましょう」

「登場人物の吹き出しの台詞を穴埋めして考えてみましょう」

「物語の続きのお話を考えて、友だちと一文ずつ交互に書いていきましょう」

社会だったら、

「『食料自給率』と『輸入』という2つのキーワードを必ず使って、今日の授業のまとめをしましょう」

などです。どんな教科でも、子どもたちの実力に合わせて、少し難しいルールを設定していくことができます。

③**場の設定**

最後は「場の設定」です。

例えば体育でドッジボール型のゲームをする時、【図①】のように、コートの幅を1メートルずつ広くするだけで、「ボールを投げる強さ」を変えることができます。また【図②】のように、男子のコートを少し狭く、女子のコートを少し広く取ってあげると、女子グループが逃げやすくなったり…**子どもたちの活動形態もデザインしていく**ことができます。

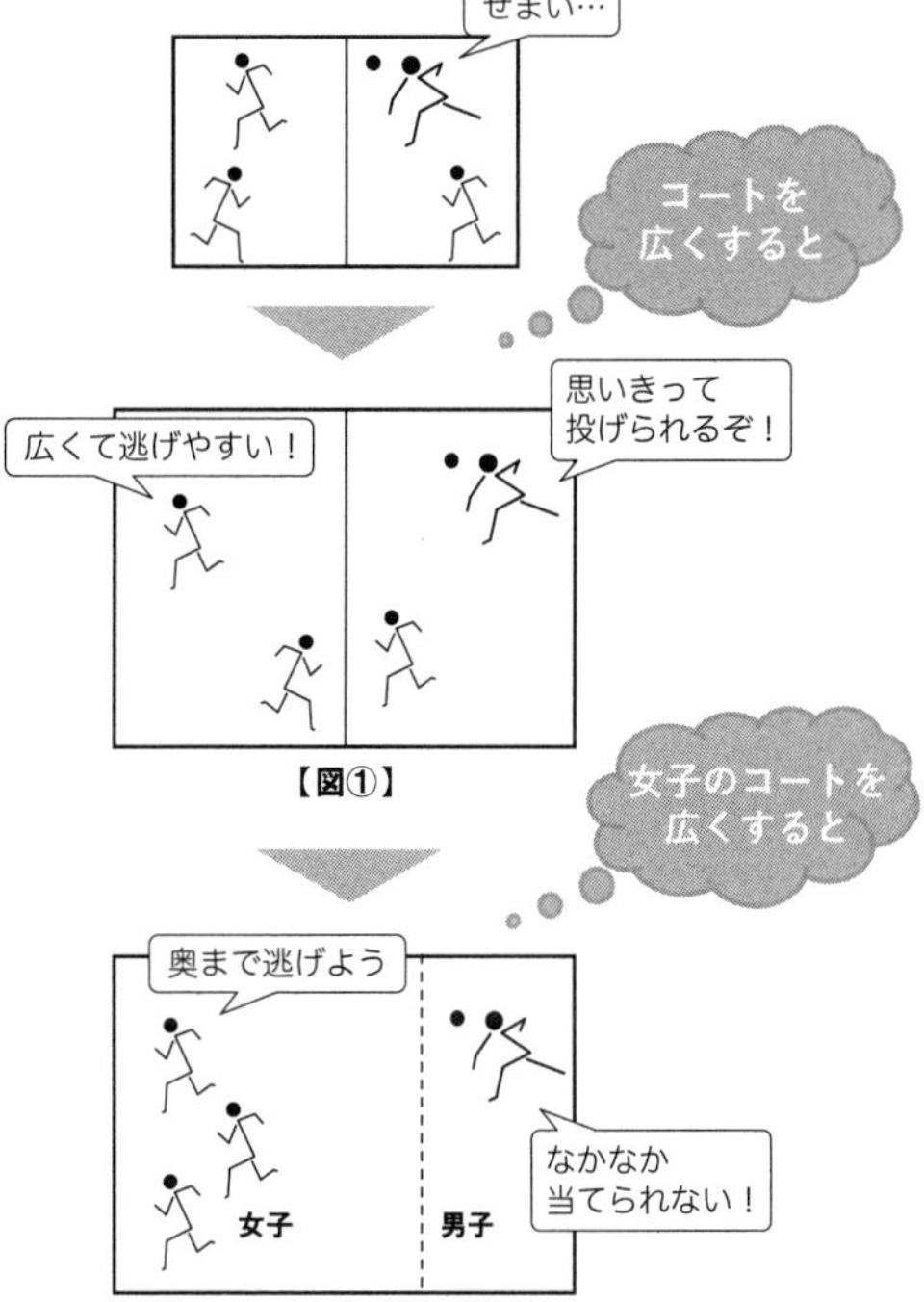
せまい…
コートを広くすると
広くて逃げやすい！
思いきって投げられるぞ！
女子のコートを広くすると
奥まで逃げよう
なかなか当てられない！
女子
男子
【図①】
【図②】

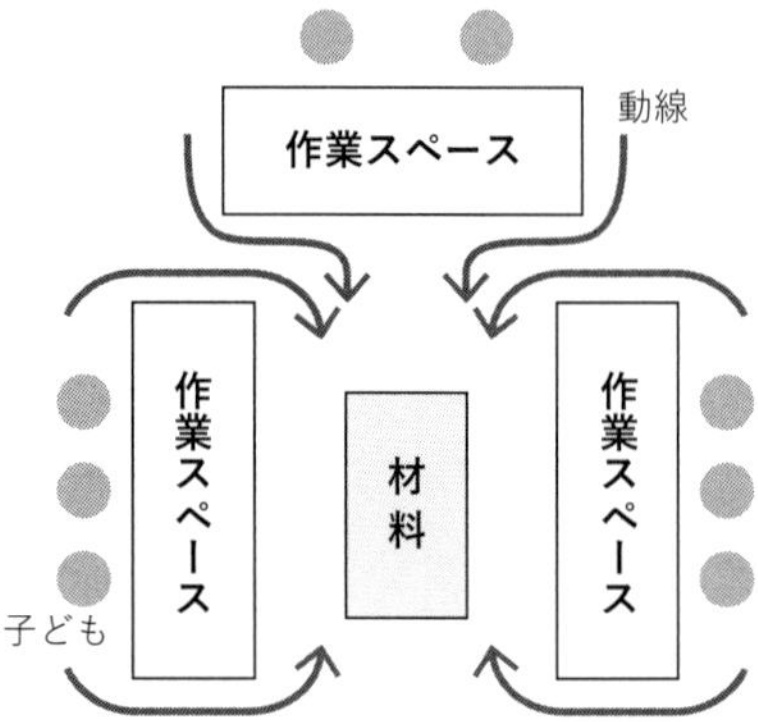

ほかにも、これは図工の授業でよくある場の設定ですが、材料や道具を置いておく場所を教室の真ん中にすることで、子どもたちが材料を取りに行くときに友だちの作品を自然に鑑賞できるようにするという方法があります。これは図工の授業に限らず、理科の実験や体育、音楽などでも活用できそうです。

「場の設定」とは、校庭や教室、体育館など「どこでするか」という場所だけを指すのではなく、**「どういった環境でするか」**という意味での「場」も含んでいます。「活動は自分の机で個人でやるのか？」「グループでやるのか？」「材料を取る位置はどこにあるのか？」「観察記録や気づいたことのメモはどこでするか？」…このように細かな設定を変えることによって、同じ教材を使った活動でも、複数の授業のパターンが生まれてきます。

子どもたちの実態に合わせて、①「教材の可能性」②「ルールの設定」③「場の設定」の三つを少しずつ変えるだけで、子どもが夢中になる授業は何通りもつくり出すことができるのです。

「やりにくさ」を準備する

ちょっとわかりにくいタイトルかもしれません。これは、子どもたちに「すべて」を完璧に準備してあげるのではなく、「困ったぞ…何とかしなきゃ」と考える場面をつくるということです。

先ほど紹介した「ルールの設定」は、「習った漢字を必ず使う」「ボールをチームのメンバーに必ずパスしてからシュートする」など、活動の規律や平等性を担保するためのものでした。しかしここで紹介する手立ては、先ほどのようにルールや条件を追加するものではなく、子どもの思考を促すために、**あえて整っているものをあらかじめ崩して「不完全な状態にする」**というものです。

次のような授業を例に説明してみたいと思います。

図工で、教師が準備した「ゆび絵の具」や「ポスターカラー」を使ってみんなで絵を描く授業があったとします。そこから使える色を、教師が一色抜いてみたらどうなるでしょうか？

T「今日は黄色の絵の具を用意できなかったんだよね。みんな黄色の絵の具がないと絵を描くのはちょっと難しいよね？」
C「黄色はないけどさ、赤と青と白はあるから結構いろんな色ができるんじゃない？」
C「なんとか今ある色で描けるものをみんなで考えてみるよ！」
と子どもたちは「あるものを使ってなんとかしよう」と一生懸命に考えます。

もう一つ別の例を挙げてみたいと思います。

画用紙に絵を描く時、真っ白な画用紙を配るのではなく、あえて「斜めの線が真ん中に1本入った印刷ミスの画用紙」を配ってみたらどうでしょう？


T「この画用紙、少しこの部分に線が入ってしまっているんだけど、この紙で絵を描くのは無理だよね？」（このように、子どもたちが「この状況をみんなでなんとかしたい」と思いたくなる教師の演出も重要です。）

C「先生！　この斜めの線は坂道の道路にできるんじゃない？」

C「この線ちょっと薄いから、海の水平線にして絵の具で色を塗ったらきれいなんじゃない？」

このように、活動のなかにわざと「やりにくさ」を準備することで、逆に子どもたちからアイデアを引き出すことができます。時に教師が道化を演じてわざと間違え、子どもに正しいやり方を説明してもらうという手法もあるでしょう。

子どもたちは、大人が思っている以上に、自分たちの周りにあるものを最大限に使って、問題を解決する力をもっています。

例えば、体育でボールが一人一つそろっていなかったら、個人練習をグループでの教え合い練習に変えればいいように、すべての道具や環境などが十分にそろっていなくても、子どもたちと工夫することで楽しい授業ができる可能性があります。

幼稚園や保育所の子どもたちは、道に落ちている石を車にしたり、足や手などの自分の体を使って、トンネルや踏み切りをつくったりして上手に遊びます。「自分の身の回りにあるものを使って工夫して楽しむ力」は、予測不能な今の時代を生きる上で大切な力ではないでしょうか。

ＮＨＫの教育番組は、その辺りの文脈が非常によく考えられています。日常のなかでの困り感と学習を結びつけて、登場人物たちが見事に問題を解決するストーリーがとても参考になります。

ただ、この「やりにくさの準備」には、注意してほしい点があります。

この手立ては、あくまで子どもたちの夢中を生み出すためのものです。教師は「ちょっとやりにくい」状況をつくったつもりでも、特性や発達段階によっては、本当に困ってしまう子もいるかもしれません。そのため、クラスの実態、子どもの実態を十分理解した上で、「適切なやりにくさ」を準備する必要があります。

教師の隙

先ほどは、子どもたちにとっての「あえて完璧に準備しないよさ」について説明しましたが、この「よさ」は実は、私たち教師にとってもとても大切なことだと思います。

はじめに断わっておくと、授業の「準備」をすることを否定しているわけではありません。子どもたちのいろいろな姿を想定して、教師ができる限りの準備をするということはとても大切です。

しかし、ここでお話ししたいことは、**自分が「準備したこと」をあえて「子どもたちに崩してもらう勇気」が必要ではないか**ということです。

これは「教師あるある」かもしれませんが、掲示物やワークシート、発問や授業展開など、きちんと準備すればするほど、私たち教師はついつい「その計画通り」に授業を進めたくなってしまいがちです。そうすることで実は、子どもたちは「完璧につくっている先生の授業」を崩しにくくなってしまうのです。

「完璧」だとつくった本人が思っている指導案を事前に見せていただいても、見る側はそれ以上何もコメントすることができなくなってしまう感覚と似ています。逆にちょっと不完全なものの方が、「別の広がり」や「可能性」が見えてきます。

先ほどの「子どもの意見にのっかる方が面白い」でもお話ししたように、私は**授業は「子どもと共に創るもの」**だと考えています。教師が子どもたちに「ちょっとやりにくい視点を与えて、彼らの力を引き出す」ように、私たち教師も、子どもたちに「ちょっと授業を崩してもらう」くらいの気持ちでいた方が、自分でも思いつかなかった新しい授業展開に気づける可能性があります。

例えばワークシートの余白を多めにとっておくと、子どもたちは「ここに題名を書いてもいい？」「自分でグラフをかいてもいい？」と自分なりのアレンジをしながらまとめていきます。このように子どもたちが、**「ちょっと変えてもいいんだ！」「こういう考え方もできそうだ」と思える「隙」を、学習のあちこちに残しておく**ことが大切なのだと思います。（　）の中にきっちり言葉を入れる穴埋め式のワークシートにしてしまうと、なかなかこうはいかないと思います。

子どもたちと一緒に「夢中になる授業」を創るために「準備したもの」を、授業のなかで半分は使い、もう半分は使わずに「子どもの考え」をもとに進めていくというバランス感を大切にしています。

また、そのように意図せずとも、学校行事や打ち合わせなどで、毎日の授業の準備が全くできない時もあるかと思います。そんな時は、「教科書」「ノート」「自分の知識」などその時に「あるもの」を使って、子どもたちと一時間の授業を「0」から創ってみることもあります。

そんな授業をしていると、子どもたちと一緒に教材研究をしている感覚すら覚えます。0の状態から、教師の瞬発的なひらめきと、子どもたちの知恵で創り上げる授業はリアルでとても楽しいものです（準備不足を正当化しているわけではありませんが…）。

子どもと即興で創り上げた素敵な授業が、皆さんにもきっとあるのではないでしょうか。「どっちに進むかわからない」そんな刺激的な授業を、準備をしっかりした上で毎日やっていきたいというのが私の理想です。

あっ　ここに
グラフある！
本当だ！
自力でグラフを
見つけられた！
用意してたグラ
フのコピーは使
わなくていいな！

ワークシートに書かれていること以外の何を見るか？

第1章でお伝えした通り、「夢中の学び」と「放任」は違います。ではそれを、実際にどのように見極めればよいのでしょうか？

私たち教師は子どもを評価するときに、ワークシートや作品などの成果物を中心に見ていることが多いです。決してそのこと自体が悪いというわけではなく、ここでは別の視点から、「授業のなかで子どもの何を見るとよいか」について、私の考えをお話ししたいと思います。

まず一つ例を挙げるとすれば、図工の授業中に必ずといってもいいほど、耳にする言葉があります。それは**「あ！　いいこと思いついた！」**というつぶやきです。この「いいこと思いついた！」は子どもが夢中で製作に取り組んでいるサインです。図工の授業の時、子どもたちの声をぜひ注意深く聞いてみてください。

子どもたちは他にもいろいろなサインを送っています。それは次のようなものです。

これらを総合的に見ることで、子どもたちが授業のなかで何を学び取っているかを考えるようにしています。

●動き

何か言いたそうに一瞬手を挙げ、でも下げた子。この子はもしかしたら、考えが途中で変わったのか、それとも、友達の意見をもう少し聞きたくなったのかもしれません。音楽に合わせて体を揺らす子。この子は楽譜のドレミは読めなかったけど、リズムは正確に取れていました。図工の鑑賞で、絵のイメージを回ったり飛び跳ねたりといった体の動きで表そうとしている子。絵を見て、ぐるぐるまわるイメージをしたのでしょうか。手をヘビみたいに動かしているから、絵の中の線がヘビに見えたのかもしれません。このように、子どもの動きは、子どもたちが考えていることを読み取るきっかけになります。身を乗り出して話を聴いている時なども、子どもが課題に興味・関心をもっているサインだといえます。

●目線

子どもは興味のあることに視点が行きます。教科書のグラフを見ているのか、黒板を見ているのか、発表している友だちを見ているのか、実験器具の動きを見ているのか……一見関係ない窓の外の景色を見ている子も、その子なりに授業のヒントになるものが教室の外にないか探している可能性もあります。

「子どもたちが材と出会った時、彼らの視線がまずどこに注がれるか注目してください。それからそれに対してどんなアクションをするのかをよく見ておくとよいですよ」

図工の研修会でアドバイスしていただいた言葉を今でも思い出します。

●つぶやき

先ほどの「いいこと思いついた！」もそうですが、その他に「イエーイ」というつぶやきも私は気になっています。図工だけでなく、理科の実験、家庭科の授業、体育等実技系の教科はもちろん、それ以外の教科でも耳にすることがあります。声が聞こえた瞬間、その子に近づいて「いま、どの辺がイエーイと思った？」と聞くと、生き生きとした表情で自分の考えを教えてくれます。

また、授業中に子どもたちから「あ、本当だ」「そういうことか」というつぶやきが出た時は、心のなかでガッツポーズをとりたくなります。どちらのつぶやきも、それまで子どもたちのなかでぼんやりしていた知識がバチッとはまって、クリアに更新された瞬間だと感じるからです。

●言葉のはじまり・言葉の終わり

自然な会話やつぶやきのはじめに、「だって」「でも」といった言葉を使うことがあります。これらの接続詞に注目すると、その後ろに本質が隠れていることが多いです。「だって、やってみたけど難しかったじゃん」のように、建前ではなく、本当に自分が感じていることが出ているのだと思います。他にも**「例えば」「自分だったら」「家では」のような言葉がつく時は、学びを自分ごととしてとらえているサイン**です。また、言葉の終わりにも子どもの本音が表れます。「三つあるかもしれない」「三つあるって言っていた」「三つあるといいな」のように、同じ答えでも語尾や言葉のはじまり方によってその子が伝えたいメッセージや理由などのニュアンスも変わってきます。

●ワークシートから消した考え

書いた答えを全部消して書き直している子がいます。この「全部消した」ということの意味を考えることが大切です。今まで書いた考えをやめて、新しいことを考え直しているということのサインかもしれません。消した跡はあるけど、鉛筆が止まっていたら、間違いには気づいているが、新しいアイデアが出てこない状態、何度も消した跡がある場合は頭のなかでトライアルアンドエラーをしながら答えを導こうとしている状態であることなどが読み取れます。

●手を止めている時間

何もせず「止まっている」というのも立派なサインです。特に図工で、ある程度作業して、手が止まっている子どもがいたら、何かを深く考えている可能性が高いです。そういった子をチェックしておき、しばらくしてからその子が何をつくり始めたか見て、どうしてそうつくったのかを聞くと、深い理由を話してくれることが多いです。また、**数分前に見に行った時と全く変わらず作業が止まっていたら、何か支援が必要だというサイン**だといえるでしょう。

●授業のはじめと終わりの変容

45分授業を受けて何も変わらない子はいないはずです。なにかしらの変化が「授業前」と「授業後」にはあるはずです。発言や質問など、子どもの何が変化したのかに注目することが大切です。例えば、算数の授業で、はじめは小数のわり算の立式について質問していた子が、授業の終わりには、余りになぜ小数点をつけるのかという質問をしていたら、それだけで、その子の学びが深くなっていることがわかります。

一人でこれらすべてを見ることはできないかもしれませんが、研究授業などではこのような子どもの様子を複数の教師が見て、後で確認していくことで、授業中に子どもたちに起きていた真実がより立体的に見えてくるようになります。

「夢中」で取り組むクラスと「自分勝手」なクラスの違い

第1章の終わりでもお話ししましたが、「夢中」であれば何をしていいわけではありません。「夢中」は「子どもたちのよりよい未来につながっていくもの」であることが大切です。

しかし「夢中な授業」を実践していくなかで、子どもの意見を聞いたり、子どものやりたいことを尊重したりしていくと、時々「クラスが騒がしくなること」があります。

そんな時「これは夢中で授業に取り組んでいる子どもの姿なのか？」「それともただの自分勝手なのか？」……学級担任の先生は判断に迷うこともあるかと思います。

私がここでいう「自分勝手」とは、「みんなで自由な学びを追求する」という意味ではなく、**「自分のみが承認されたい」と思っている自己中心的な状態**を指しています。

子どもが夢中になって取り組んでいるクラス	「自分勝手」になってしまっているクラス
自分たちがやっていることに満足している。	自分たちがやっていることに自信がない。
授業中に何を言っても受け止めてくれる安心感のもとで発言している。	授業中に「正解」しか言えない雰囲気がある。
自分の価値観と同様に、相手の価値観も大切にできる。	一人ひとりが自分の基準でしかものごとを考えられない。
友だちが失敗しても責めない。	友だちの失敗を責める。
授業で友だちがどんな考えなのか聞きたがる。	自分の意見だけを教師に聞いてほしがる。
授業中友だちの意見に「へえー」「たしかに」と反応したり、拍手が自然に起こったりする。	授業が、教師と発表する子どもだけの一対一の対話になってしまっている。
時間を忘れて課題に取り組む。	課題がすぐ終わってしまう、時間をもて余す、飽きる。
「これをやりたいのでやってもいいですか」という確認をする（課題になっていないことも積極的にチャンレンジしようとする）。	「これでいいですか、間違っていませんか」という確認をする（正解のないものでも、正解を求めてしまう）。
友だちが自分の考えと同じ意見を言った時、「自分も一緒です！」と答えられる。	自分の考えを先に他人に言われると悔しがる。
先生に忖度せず、自分の思ったことを言える。	先生や友だちの反応を気にしながら発言する。
教師が「なんでそう思ったの？」と聞いた時、自分の考えをきちんと説明できる。	教師が「なんでそう思ったの？」と聞いた時、自分の考えを否定されたと感じてしまう。
常に自分、友だち、先生などみんなにとってよりよいやり方や考え方で進んで行動できる。	自分にとってプラスかマイナスかでしか行動（判断）することができない。
授業以外でも、自分でやりたいことをどんどん調べたり見つけたりする。	教師が指示した最低限のことしかやらない。

　このように、クラスが騒がしく、これでいいのかと不安に感じた時は、いつも自分のなかの規準でクラスの子どもたちの様子を見るようにしています。その規準を、上の表にまとめてみました。

　もし「夢中な姿」かどうか迷った時は、こちらの表を参考にして、ご自身のクラスの様子を振り返っていただくとよいかもしれません。

　「夢中」と「自分勝手」、一見わかりにくい差なのですが、「子どもの内面」に大きな違いが出ていると思います。

これらは授業に限らず、生活や休み時間、給食などさまざまな場面で表れてきます。これは自分自身のクラスにもいえることですが、クラスの子どもたちを見て、「『自分勝手』になってしまっているクラス」の傾向が多くなっていたら、そのつど、子どもたちと授業の在り方や学級づくりについて見直す必要があると思います。

「決められたルールのなかでなら何をやってもいいんだよ。でも、騒いだり立ち歩いたりして、勉強したい友だちの自由をうばうのは『夢中』ではなく、ただの『自分勝手』だよ」

「自分の自由が大切にできるように、友だちの自由も大切にできないといけないよ」

「自分の意見は一生懸命発表できるのに、友だちの意見を聞かないのはもったいないよ」

表の右側の傾向が増えてきて、クラスや授業の雰囲気がなんか変だなと感じた時は、そのつど、このような言葉がけをして、子どもたちと「夢中になる授業」とは何だったたか、クラス全員でスタートに戻ってルールを確認するようにしています。

ルールと聞くと、ランドセルの置き方や手の挙げ方、係の仕事など、そういう「ルール」をイメージされることが多いかもしれません。

ここで私が紹介しているルールは、もちろんそういうものも含まれますが、もっと大きな意味のものです。簡単にいえば**「教師と子どもの合意形成」**です。

私「これはこういう意味でやるよ」
子どもたち「先生それいいね。それでやっていこう」

という、私と子どもたちとの確認です。授業の準備や教材研究にももちろん時間をかけていますが実は、このクラス全体の合意形成に、一番時間をかけているような気がします。

ルールは教師が押しつけるものであってはいけません。また、マニュアル化されていて手順をしっかりと示してあるものであっても、子どもが納得していないと意味がありません。

「話す時のルール」「考えるためのアイテム」や「○年○組　学級会の秘伝書」といった類のマニュアルを用いた実践もたくさんあります。もしマニュアル通りに授業や学級経営が進められていたとしても、子どもたちが生き生きしているクラスは、そのマニュアルに書かれていない、合意形成や共通理解がしっかり取れているクラスなのだと思います。

第3章
「夢中」を生み出す授業の実際

第１・２章では、夢中な授業を考えていく上で私が「心がけていること」やその「手立て」を紹介しました。この章では前任校の横浜国立大学附属鎌倉小学校在籍時に担当していた５つの授業を、第１・２章で紹介した「夢中」という視点で分析しながらふり返ってみたいと思います。「一つの授業の在り方」として参考にしていただけると幸いです。

トライアル アンド エラーで日常と理論をつなぐ（2年生 算数）

1. ドリルの問題を自分の身近な問題に

算数の問題を解く時に「もやもやするな」「なんか違うな」と思うことはありませんか？ 感覚的にはわかっているんだけど、どう説明していいかわからないあの感じです。

しかし、日常生活と算数の学習を行ったり来たりしていくなかで、こうしたもやもや感を、急に自分の言葉ですっきり説明できる時があります。

具体例として、2年生を担任した時の「大きな数」（算数）の授業実践をここで紹介します。

＊

算数の「大きな数」を学習していた時のことです。算数のドリルに、こんな穴埋めの問題が載っていました。

・１００を10個集めた数は（　　　）です。
・９９９より１大きい数は（　　　）です。
・１００５から５をひくと（　　　）です。

みんなすらすら解いていくのですが、「果たして子どもたちは、この１０００以上の数というものを本当にわかっているのだろうか？」という疑問がいつも心にありました。

そこで私は授業中、こんな問題を出してみました。

Ｔ「みんな、鎌倉市の小学生は約何人くらいだと思う？」
Ｃ「そんなのわからないよ、先生」

たしかに子どもたちの言う通り、急にそんなことを言われてもわかるわけがありません。

しかし私としては、子どもたちが「何とかしたら、わかるかもしれない」と感じられるような、「夢中な状態」にどうにかしてつなげられないかと考えていました。

そこでまず、問題の出し方を変えてみることにしました。

T「じゃあ選択問題にしようか。次のどれだと思う？
①1000人　②3000人　③8000人」

選択問題にすることで、先ほどの「全くわからない問題」が「子どもたちにとってちょっとだけ難しい問題」になりました。子どもたちに「夢中」のスイッチが少し入ります。普段は算数に消極的な子たちも、「なんかわかるかも…」と前のめりになって次々に話し始めました。

C「②だよ！」
C「いや③だよ」

子どもたちは、「なんとなく②3000人か、③8000人だろうな…」と見当をつけたようです。でもその理由は何だろう？　なかなか決定的な答えがわかりません。みんなで理由を考え始めます。

ここでさらに「学習を子どもの文脈にのせる」「子どものインフォーマルな知識を引き出す」ためには何か教師の手立てが必要そうです。

そこで、私はさりげなくこう聞いてみることにしました。

Ｔ「みんなが通っている附属鎌倉小って何人ぐらいの子どもが通っているんだっけ？」

その言葉を聞いて、ある子が「何か」に気づいてこう言いました。

Ｃ「①はありえないよ。だって僕たちの学校だって、６００人以上の子どもがいるわけでしょ」

Ｃ「僕の幼稚園の時の友だちも、鎌倉市にある他の小学校に通っているし、鎌倉市にある小学校の子どもを全部足して１０００人しかいないというのは絶対にないよ」

素晴らしい推理です。「自分たちの日常生活」と「算数の問題」が結びつき、子どもたちのなかで「①は絶対にない」ということが、しっかりと確認できました。

子どもたちは、さらに考え始めます。

C「え？　鎌倉市に小学校っていくつあるの？」

C「○○小学校と□□小学校もあるよ……5つ以上学校はあると思うから、たぶん③じゃない？」

C「いや、たしかもっと小学校はあったと思うよ」

C「じゃあやっぱり③だな」

C「でもさ、必ずどの小学校にも600人ぐらいの子どもがいるわけじゃないでしょ」

C「人数が少ない学校ばっかりだったら②になるんじゃない？」

C「いや、でも僕たちの学校よりもっと人数がいる学校もあったはずだから、きっと3000人以上はいると思うよ」

子どもたちは答えを出すために、自分の生活のなかで培ってきた「インフォーマルな知識」を組み合わせながらトライアルアンドエラーを繰り返します。もちろん正しい答えを出すことが大切なのですが、**このトライアルアンドエラーの過程、そしてその過程を「教師が待つこと」も、非常に重要**なのだと私はとらえています。

子どもたちの意見がまとまってきたところで、最後に私がパソコンで調べた数字を伝えました。

T「鎌倉市の小学生の人数は7939人だよ」（※2019年5月）

子どもたちから「えー！ そんなにいるの！」「鎌倉市すごい！」などの驚きの声があがりました。

この時、「自分たちの通う小学校の人数」と「鎌倉市の小学生の人数」という二つの大きな数の量感が、子どもたちのなかでつながったのだと思います。

＊

種明かしをすると、これは「フェルミ推定」という理論を思い出して、授業に取り入れてみようと突然思いついたものでした。

「フェルミ推定」について簡単に説明すると、「神奈川県にマンホールはいくつありますか?」といった、実際に数えたり調査したりすることが難しい「とらえどころのない大きな数」を、身近な情報を手掛かりにして概算する考え方です。

本で以前読んで、いつか算数の授業でこの数学的アプローチを使ってみようと思っていたのです。このように、自分が勉強したことと教材、子どもの実態が結びつき、「夢中になる授業アイデア」が授業のなかで急に生まれることも割とあります。

T「さあみなさん暗記しましょう。鎌倉市の小学生の人数は7939人です。先生の後に続いて言いましょう。さんはい!」

C「鎌倉市の小学生の人数は7939人!」

……もしこんな授業をしていたら、子どもたちの心にも頭にも何も残らなかったような気がします。

この授業で私が子どもたちに身につけさせたかったのは、「鎌倉市の小学生の人数やそれを正確に暗記する力」……ではありません。

第1章の「二つの作品と二つの力」で紹介した「bの力」。つまり**自分の生活のなかで知っていることと学習とを関連させ、試行錯誤しながら、「大きな数を自分の言葉で説明できる力」**を育てたかったのです。

2. 自分の言葉で学習と生活を結びつける

先ほどの授業のように、トライアルアンドエラーをしながら自分の言葉で説明する場面は、算数の他の授業でもさまざまに考えられると思います。

例えば長さなどの単位の学習でも、子どもたちのドリルを見ていると、こんな間違いを結構しているのではないでしょうか？

> 次の（　）に当てはまる単位を書きましょう。
> 図書館から学校までの距離　1（ cm ）
> お父さんの体重　60（ g ）

これでは単位を量感として全く理解できていないことになります。

●１㎞とは、どれくらいの距離なのか？
●60㎏という重さはどれくらいの重さなのか？

このような質問をした時に、実際に毎日通っている通学路の「長さ」や、自分が身につけているランドセルの「重さ」などを基準にして説明できる子は、**自分のなかの「算数ものさし」**がいつでも使えるものになっている気がします。

今回の授業とは別の活動になりますが、「水をさまざまな形の容器にうつす活動」「箱を積み重ねる活動」「廊下の長さを測る活動」などでも同じことがいえます。第1章でもお伝えしたように、これらの遊びや活動のなかには、子どもが自分の文脈で学習をとらえるための大切な要素があります。

容器に水をうまく入れられず、こぼしてしまっても「失敗」ではありません。その時手に持っていた容器の大きさや重み、こぼれた水を拭いた経験、すべてが統合され「1dLっ

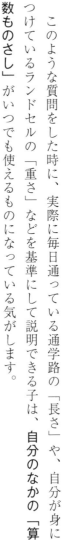

てたしかこれくらいの量だったよな」という「忘れられない知識」になっていくはずです。

「予想したこと」と「実際の結果」など、いろいろなことが授業のなかで行ったり来たりすることで、算数で学んだ知識が本物になっていくのではないでしょうか？

今回「算数（大きな数）を日常生活で考える」という授業実践を紹介しましたが、その逆で「日常生活を算数的に考える」場面というものもありそうです。

「スーパーでピーマンを買おう。『袋に詰められたもの』『バラ売りのもの』どちらがお得なのだろう？」

例えば右記のように、私たちは日常生活のなかで無意識に算数を使っていると思います。

これは、算数が好きな先生と雑談していて聞いたことですが、その先生は犬の散歩をしている時でも、カレンダーの日付を見ただけでも、すべての日常の出来事を算数と関連させて考えてしまうそうです。きっとは自分とは違う「景色」が見えているんだろうなと感じました。自分にはなかなかできないことですが、その先生のように「ワクワクする視点」を日常生活でももっていきたいなと思います。

子どもが「夢中でする」ための授業デザイン（1年生 図画工作）

1．夢中な状態を生み出すものは何？

私の勝手な考えかもしれませんが、図工は比較的子どもたちが「夢中な状態」になりやすい教科のような気がします。普段は元気いっぱいの子が、図工の時間に黙々とのこぎりで木を切ったり、やすりをかけたり…そんな姿を見るとついついうれしくなってしまいます。

もし教師が何もせずとも、そんな夢中な状態が授業で自然に生まれているのならば、それは「子どもたちが本来もっている力」と「材の魅力」のおかげなのだと思います。しかしいつもそれに頼ってばかりでは、子どものなかにある才能をさらに引き出すことはできず、眠ったままにしてしまうかもしれません。やはり図工にも、子どもが夢中になるための「教師の手立て」が必要だと思うのです。

ここではそんな「手立て」を試みた、1年生の厚紙を使った立体の授業を紹介します。

*

「見て見て、大きなお家ができたよ」

「あっちにきれいな色の紙を見つけたから、持ってくるよ！」

「あ、いいこと思いついた！　この部品は腕のところに使えそうだ」

「ちょっと紙の種類変えてみようかな…」

教室のいたるところで子どもたちが夢中で作業に取り組むが聞こえてきます。

教室の真ん中に置かれた机には、色とりどりの厚紙が並べられ、子どもたちは自由にそこから材料を取っていきます。自分の席に戻る時に、友だちがつくっているものをちらっと見ると、「ねえ、それどうやってつくるの？」「やり方を教えて」など、自然に教え合いや、お互いの作品の鑑賞が始まります。友だちから何かいいヒントをもらったのでしょうか、うれしそうな顔で自分の席に戻って、また作業に没頭しています……これは、第2章で紹介した「場の設定」の考え

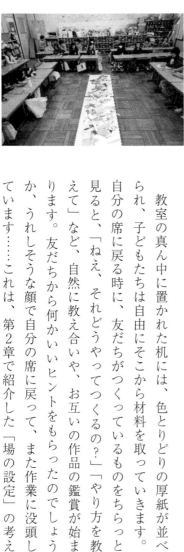

方をそのまま使っています。

この授業では、「ルールの設定」もしました。この時のルールは「のりやテープを使わない」です。このルールを伝えた後は、私から何か指示や説明をすることはなく、子どもたちはルールのなかで自分なりに工夫しながら作品をつくっています。私はただだ彼らが見せてくれた作品に対して、「これからどうしていくの？」「それは面白そうだね！」などの質問や「価値づけ」する言葉を返すことだけに専念していました。

活動が盛り上がってくると「先生！ ○○君と一緒にやっていいですか」と尋ねる子が出てきます。

このクラスでは、図工の時間はグループによる作業をＯＫにしていました。子どもたちが友だちと協力してどんなものをつくるのか、とても興味があったからです。このような「グループ活動」のルールも、はじめからあったわけではなく、図工の授業を繰り返すなかで、子どもたちの願いやクラスの実態を確認しながらみんなでつくっていったものでした。

「一人で作業する子」「友だちとやる子」。「動物」をつくる子もいれば、「建物」をつくる子もいます。一人ひとりが、自分のやりたいことに夢中で取り組んでいます。

入学したばかりの頃は「これをつくってもいいですか」「ここの部分を塗ってもいいですか」と聞きに来ていた子どもたちが、一年生の終わりのこの頃には、自信をもってどんどん自分らしい作品をつくっている姿を、うれしく見ていました。子どもたちは、自分だけでなく、友だちの自由も認め合える「伸びやかな学びの空間」をつくっていたともいえるでしょう。

あるグループではこんなつぶやきが聞かれました。

「最初はみんなで恐竜をつくろうと思っていたんだけど、ここのしっぽの部分が滑り台に見えたから、遊園地をつくることにしたんだ！」

学習指導要領で謳われている「つくり、つくりかえ、つく

る」ことを授業のなかで実践しています。試行錯誤しながら、つくったものに別の価値をつけて、さらに新しいものを生み出していく……子どもの発想はとても柔軟です。

このような子どもたちの活動に対して「すごいね」「そうなんだ」という共感だけでなく、**「なんで?」「どうして?」とその理由を聞いてみると、さらに彼らの考えの深いことに気づかされます。**

例えば、

T「どうしてこの色にしたの?」

C「私は自然のお家をつくっているから、厚紙の色はできるだけ緑っぽい色にしたいの」

T「こんなにたくさんの緑色(の厚紙)をよく見つけたね! 緑にもこんなにいろんな種類があるんだね。他にも緑色に見える厚紙があったら教えてね!」

T「なんでここに部品を付けたの？」
C「ここに部品を付けないと、バランスが悪くて倒れちゃうんだよね」
T「なるほど！　この部品はデザインとしてもかっこいいけど、それだけじゃなくて、ちゃんと体を立たせるための役目もしているんだね」

T「なんでこの部分をつくりかえたの？」
C「ここの部分を間違って切っちゃったんだけど、〇〇ちゃんが、ここを頭にして動物みたいにしてみたらって教えてくれたんだ」
T「そうなんだね。ということは、それは『失敗』したんじゃなくて、素敵な作品をつくるための『超ラッキー』だったということだね。それに気づいて教えてくれた〇〇ちゃんもすごいね」

「質問して」「子どもたちの言葉を価値づけて」「活動をさらに広げていく」これを繰り返していくことで、子どもたちはさらに自覚的に活動をしていくことができます。

2．夢中な授業をつくるまでの（苦労）話

さて、ここまで読んで何か気づいたことがないでしょうか？　実は、私はこの授業では「あること」をほとんどしないようにしていました。

勘がよい方はもうわかっているかもしれませんが、私から子どもたちに「○○しましょう」という指示や説明をほとんどしていません。本時の「ルール」を伝えた後は、子どもが自由にやっていることに対して質問し、価値づけをしているのみです。

図工の授業では、はじめにルールだけ確認したら、あとは教師が指示をしなくても、子どもたちが工夫してやっていくのが理想的だと私は思っています。

「いや、でもたしか冒頭で『他教科より夢中になりやすい図工にも、教師の手立てが必要』と言っていたよな…今度は『何も指示をしないほうがいい』って、いったいどういうことなんだ？」と疑問に思われたかもしれません。

実はこの授業で私は、**教師が授業中に何も指示しなくても、子どもたちが「夢中になるように」授業をデザインをしていた**のです。

ネタばらしというわけではありませんが、ここからは、この厚紙の授業を考えた時の話（私の授業づくりのトライアルアンドエラー）を紹介したいと思います。

＊

前任校である横国大附属鎌倉小に勤務して2年目の11月のことです。その年明け2月に行われる図工の研究発表大会に向けて、その時期、私はアイデアづくりに取りかかっていました。

「造形遊び」「絵」「鑑賞」の授業は、何度かチャレンジしていたので、今度は「立体」か「工作」でいきたいなというイメージがありました。しかし、なかなかいいアイデアが浮かばず、正直焦っていました。

当時のノートを振り返ると、こんなことが書いてありました。

【2月の研究授業のイメージ】

- 形と色を意識する。
- 子どもが自分で選択できる（バリエーションがある）材にする。
- 何度もやり直せる。
- はさみなどの道具で安全に切れる。カッターは△。
- 子どもによって課題に対していろいろな解釈ができる。

作品として「形」にしていくという点から、まず思いついた材が「段ボール」でした。しかし段ボールは、

- 切りにくい。
- 「色」があまり豊富ではない。

という点で、あまり自分のイメージに合っていません。いろいろな本を読んだり、他校の授業を参観に行ったりしましたが、自分がやりたい授業のヒントになるものはなかなか見つかりませんでした。

藁にもすがる思いでインターネットを使って「紙を使った工作」と「画像検索」をしてみたところ、厚紙を使った数々の素敵な活動が出てきました（第2章でも紹介しましたが、インターネットの画像検索機能は、アイデアを探す時やイメージする時に便利です）。

その画像検索結果のなかで、私が注目したのが工作用紙や黄ボール紙（段ボールを薄くしたような厚紙のこと。厚さにも種類があります）を使った動物のペーパークラフトのような写真でした。

この写真がヒントとなり、自分のなかで授業のアイデアが少し浮かんできました。

●「段ボール」ではなく「厚紙」なら、はさみで切れるし、折って立てられそうだな…。

●この画像の作品はのりやテープを使っているけど、はさみで切り込みを入れるだけでも厚紙を組み合わせることができる…。

●ちょっと難しそうだけど、このやり方なら何回もトライアルアンドエラーができそうだ…。

しかし一歩前進したところで、また壁にぶつかります。

この授業では、図画工作科のポイントである「形」と「色」のうち、「色」のアプローチがなかったのです。

色を使った厚紙なんてあるのだろうか？

「カラーの工作用紙」というものはあるけれど、このためにカラーの工作用紙を何枚も買うのってどうなのだろう？　もったいない気もする。選べる色も限られてしまうし……。

「子どもたちが自由に使えて、たくさんの色を選べる厚紙」なんてあるのでしょうか？

皆さんだったら、どうされますか？

……そうです。お菓子や、おもちゃのいらなくなった「空き箱」を使えばいい。考えに詰まっていると、こんな単純なことに意外と気づかないものです。

「いろいろなお菓子の空き箱の厚紙を使って、トライアルアンドエラーしながら自分のつくりたい立体作品をつくる」という授業の輪郭が、ぼんやりと見えてきました。

次に「ルール」を考えました。

●「のりやテープを使わない」というルールにすればシンプルでわかりやすいな。

●「のりを使わないで、どうやったら厚紙どうしをくっつけられるかな?」「厚紙だけで立てられるかな?」と子どもたちに問いかけてみよう。そうすれば、みんな工夫して考えてくれるかな。

●はさみは使ってもよいことにしよう。でもはさみを使ったら、切り絵みたいな作品になってしまわないかな? それに、安全に道具を使うためのルールも必要だな…。

こんなふうに、授業でのルールや子どもたちへの言葉かけ、安全面の配慮などを具体的に考えていきました。

同時に、活動する「場の設定」も考えました。

前時の授業では、プレイルームのような広い空間に、厚紙を広げて活動してみました。やってみてわかったことは、子どもたちが作業する時には、机が必要だということです。はさみを持って立ったり、移動したりするのは危険だと感じたため、活動は机のある教室で行うことにしました。

このように、「材の可能性」、「ルールの設定」、教室などの「場の設定」を模索しながら、思いついたアイデアを取り入れたり、修正を加えたりして、授業でやりたいことを少しずつデザインしていき、冒頭のような「夢中な授業」を実現することができました。

3．夢中で「する」ようにする

ちょっと大げさになってしまうかもしれませんが、子どもたちが図工を夢中でやる理由のひとつに、「たった2時間で自分の夢をかなえることができる」ということがあるのではないかと思います。「素敵なドレスを着たお姫様になりたい」「雲の上の家に住んでみたい」など、そんな誰もが考える「夢」です。

図工で何かを「つくる」ことは、うまくいくことばかりではありません。工夫したり友だちと協力したり……人生と同じで、つくった作品や結果だけでなく、そのトライアルアンドエラーの過程に意味があります。

第1章でお話ししたように「いわゆる上手な絵」を描けなくても、自分らしさをその2時間の授業のなかで発見したり、自分が考えた方法をいろいろと試したり、異なるものを組み合わせて新しいものを生み出したり……そんな経験ができたら、それはもう図工でしかできない「プラスマイナスむしろ100の学び」なのだと思います。

図工の研修会で、**「子どもが『する』ようにする」**という言葉を教えていただいたことがあります。子どもが自由に活動することができるように、教師が場の設定や材の準備をきちんとするということです。

当然といえば当然かもしれませんが、「自由に何をやってもいいんだよ」と子どもに伝えさえすれば、いつでも子どもたちが目標に向かってどんどん活動できるというわけではありません。これからも子どもたちが自由に楽しく夢中になって活動できるように、見えない工夫や仕掛けを考えていきたいと思います（そんな教師の思いなど気にしないで、子どもたちが夢中で取り組んでくれることが何より大切なことだと思っています）。

子どもたちから教わる授業（2年生　国語）

1．もやもやから「夢中」が生まれる時

物語を読んでいて「ん？」と感じることや、「なんか不思議だな？」「主人公は、なんでこんな回りくどいことをするのだろう？」と思ったことはないでしょうか。

先ほどの算数の授業でも紹介しましたが、国語でもこのような「もやもや感」がきっかけで、子どもたちに夢中が生まれた授業がありました。

ここでは2年生を担当した時に行った、国語の「お手紙」（光村図書・東京書籍2年）の授業を紹介したいと思います。

＊

この授業を始める前に、私はいつも通り自分なりの教材研究をして、授業の流れを考

えていました。「がまくん・かえるくんの性格の違い」「ふたりの行動の対比」「さいごの『ああ』に込められた意味」「『親友』とはどんな存在か」このあたりを授業でおさえていこうと学習を計画し、その答えとなる叙述も事前にチェックして授業に臨みました。

ここで紹介する「お手紙」の三時間目の授業では、「がまくんとかえるくんの行動を比べてみよう」という課題についてみんなで考えました。

当時、私は「話型」を定めず、自由に手を挙げて子どもたちが発表し合うスタイルで授業をしていました。また、そのために「まず友だちの意見を受け止め、そこから自分が気になったことを話す」ということも子どもたちと合意をして、授業を進めてきました。このルールも、図工の授業と同じように、それまでの二年間の授業のなかで、子どもたちの願いと実態とを合わせながら出来上がってきたものです。

この授業でも、子どもたちはいつものように自分たちの気づいたことを発表して、叙述から登場人物二人の性格に関係する表現を見つけていました。とりあえず、この時点で、私が教材研究して考えていたこの授業のねらいは概ね達成できていたといえます。
しかし、ある子のつぶやきから、私の教材研究を飛び越えて「子どもたちが自ら教材研究する授業」が始まったのです。
それはこんなつぶやきでした。

C「先生。でもさあ。なんでかえるくんは、がまくんに自分がお手紙出しちゃったことをわざわざ言っちゃったんだろうね。変じゃない？」

普段あまり発言しない子がいきなりそんなことを言ったので、他の子たちもその意見にのっかるように次々に話し始めました。

C「たしかに。それ言ったら、『もらう楽しみ』がなくなっちゃうよね」
C「それってネタばらししちゃってるじゃん」

たしかに子どもたちの言う通りです。私はそれまで気づかず読んでいましたが、かえるくんのこの行動にはたしかに「違和感」があります。

正直に告白すると、この時点では私は子どもたちの疑問に対する答えがわかりませんでした。しかし、このように「なんで？」と子どもたちから自然発生した疑問やつぶやきは、直感的に何か深い学びにつながるきっかけになることが多いのです。

「なにか授業が面白くなりそうだな」と感じた私は、いつものように子どもの言葉にまずのっかって考えてみることにしました。

はじめに、子どもたちにこのように投げかけてみました。

Ｔ「どこかにその答えが書いてあるかもね。探してみようか。その文の前の方に書いてあるかもしれないね。かえるくんの行動のところをもう一度読み直してみようよ」

この時、私は決定的な答えが見つかっていませんでした。そのため、物語のはじめから、気になる登場人物（かえるくん）の動きを一つひとつ振り返るのが答えを見つけるための定石かと考え、このように問いかけました。

すると、ある子がパラパラと教科書を読み直して、何かに気づいたようにこう言いました。

C「みんな、違うよ。がまくんは『お手紙がもらえないから』悲しんでいるわけじゃないんだよ。ほら、お話の最初のところに、『お手紙をまっている時が一番かなしい』って書いてるでしょ」

「あ、ほんとだ！」と他の子どもたちも何か発見したように共感します。

私はまだ、その子たちが何を言っているのかが正直わかりませんでした。おそらく他にもわかっていない子がいると思ったので、もう一回説明してもらうことにしました。

T「『お手紙がもらえない』から『お手紙をまって』いるんでしょ。だからどっちも悲しいことでしょ？　何が違うの？」

素直に感じたことを聞いてみると、子どもたちは一生懸命理由を教えてくれました。

C「だって、最後の方では『二人ともとてもしあわせな気もちでまっていた』ってことが書いてあるでしょ」

鈍感な私も、子どものその言葉で、その意味に気づきました。

「まつこと」が、物語の前半では「かなしい時間」と書かれていたのに対して、終盤では「しあわせな時間」とたしかに書かれていました。

「お手紙」が来ないから、まつことが悲しかった。かえるくんの行動により、「お手紙を待つ」ことが、「楽しみ」にもなっていることを、この時子どもは文章からしっかりと見つけていたのです。

「誰かが自分に送ってくれる手紙を待ちたい」というがまくんの気持ちは、普段あまりもらわない手紙へのあこがれや、ポストで手紙を待つ自分自身の経験など、子どもたちが自分の文脈に引き寄せて真剣に物語を読んでいたからこそ見つけられた答えなのかもしれません。

C「がまくんは、手紙が来ないから『手紙をまつ時間』が嫌だったんだね。かえるくんはがまくんの『まつ時間』を幸せにしてあげたかった。だから自分が手紙を出したよって言ってあげたんだね」

C「かえるくんは、がまくんに直接手紙を渡してもよかったけど、そうやって、別の人（かたつむりくん）に届けてもらって、わざと二人で『まつ時間』をつくったんだよね」

C「だからかたつむりくんに頼んで四日もかかってちょっと遅くなったけど、『手紙をまつ時間』が増えたから結果的にオーライになるんだよね」

なるほど！　かたつむりくんにわざわざ手紙を渡したこともすべてつじつまが合ってきます。

しかし、ここでまた私のなかで一つの疑問が浮かびました。

「かえるくんは、なぜ手紙の内容まで全部言ってしまったのか？」ということです。

手紙を届けたことは伝えたとしても、その内容まですべて伝える必要はなかったのではないだろうかと思ったからです。

こうなると、完全に私の方が教わる立場となっています。授業を創る一員として、子どもたちに率直に自分の感じた疑問を聞いてしまいました。

子どもたちは軽やかに、教材に書かれていることと自分たちの経験をつないで答えてくれました。

C「内容がわかっている方が、きっといいお手紙だって安心して待てるでしょ。初めてもらうお手紙が、もし悪い内容だったらどうしようって気になって、もっと不安になるから教えてあげたんだよ」

C「そうそう。書いている内容がわかった方が、もらった時に『あっ、かえるくん、本当に書いてくれたんだ』って感じもするし」

「みんなすごいね！　先生気づけなかったよ。よく気づいたね」と心からの感想を言うと、子どもたちは「まだ答えがあるかもしれない」と教科書をまた読み直し、気づいたことを説明してくれました。

第2章のはじめでも紹介したように、子どもの考えを甘く見てはいけません。子どもから教わることはたくさんあります。この授業では、「大切なことは物語のなかにちゃんと書かれている」ということを子どもたちから教わりました。**子どもの意見を受け止め、最後までのっかることで、子どもと一緒に問題を解決できた授業**だったと思います。

＊

一方で教師は、子どもの意見にただ素直にのっかって、子どもが答えを見つけるのを待っているだけでよいのでしょうか？

先ほどの図工の授業では、子どもが夢中になるための「教師の見えない手立てや準備」を紹介しました。実はこの国語の授業でも、同じことがいえます。「子どもが普段から安心して発言できる雰囲気づくり」「教師も一緒に考えていることを子どもに伝えていくための姿勢」「子どもを主役にしていく言葉かけ」などを意識していました。そうしたことを重ねることで、クラスのみんなで創っていく夢中な授業になっていったと思います。

2．みんなだから見つけられる楽しさ

先ほど紹介した授業のように、教師の予想や教材研究を飛び越えて、子どもたちが新しい解釈を文章のなかから発見できた時が、国語をやっていて一番心が震える瞬間です。これは、クラスの35人の子ども＋1人の教師で考えるからこそ気づけることなのかもしれません。

最近「なまえつけてよ」（光村図書・5年）という物語を学習したのですが、5年生のある子が「これって春花の言葉にならない感情に『なまえつけてよ』と言ってるんじゃない？」という意見を言ってくれました。これを聞いた時は、思わず「なるほど！」とうなずいてしまいました。こうした発見もまた、みんなで読むことの楽しさだと思います。

第2章の「子どもの意見にのっかる方が面白い」でも紹介しましたが、私には「授業は学びのキャッチボールを楽しむ大喜利」というような感覚があります。

先ほどの図工の授業が「形と色」を題材にした大喜利なのだとしたら、**国語は「言葉の魅力」を題材にした大喜利**とも考えられます。与えられた教材について、きちんと文章に書かれたことを根拠にしながらみんなで考えを深めていく授業も、一つの形なのかなと思っています。

私がカチカチの頭でやっている教材研究よりも、子どもの感覚の方が優れているなあと感じる場面はたくさんあります。私が読んでいて気づきもしなかった、一文字や一フレーズに気づいてしまう子どものセンスを、これからも大切にしていきたいと思います。

子どもの「ふしぎだな」を価値づける（2年生　生活科）

1．「ふしぎだな」を見つける出発点

ここでは、生活科の学習を夢中の視点から考えてみたいと思います。

生活科で、「学校たんけん」や「秋みつけ」などの活動をすることがあると思います。第1章でも紹介したように、虫や花などに詳しい子どもが、もっている「インフォーマルな知識」を最大限に発揮できる時間でもあります。

このような「発見系」の学習では、子どものもっている知識を生かすことも大切ですが、その前段階として、子どもの見つけた「ふしぎ」を教師が価値づけることも同じくらい重要だと考えています。

ここでは1、2年生の生活科の「見つけたよ！」という授業を紹介します。

＊

この授業は、春夏秋冬の季節が変わるタイミングで定期的に行っていました。授業の

はじめに「今日は校庭で、何か不思議なことを見つけたら教えてね」というふうに、調査する場所と集合する時刻を伝えてスタートです。調査する対象は虫、植物、遊具、設備、落としもの……何でもＯＫにします。

そんなことを言っても、子どもたちは「不思議なことなんてすぐに見つかるわけないじゃん…」と思ってしまうかもしれません。しかし私たちの身の回りは、意外と不思議なことで溢れているものです。教師が子どもたちの意識を変えていくことで、こうした「発見系」の生活科の授業が、さらに夢中なものになっていくのだと思います。

2. そのつぶやきには価値がある

では、どのようにすれば子どもたちは「ふしぎ」を見つけられるようになるのでしょう？　ここからは、そんな過程がわかるような、「見つけたよ！」の授業での子どもたちとのやり取りを紹介していきたいと思います。

＊

授業が始まってすぐ、こんなふうに声をかけてきた子どもがいました。

C「先生。この葉っぱは黄緑だけど、こっちの葉っぱは濃い緑色だよ！」

「なんだ。そんなこと当たり前じゃないか」と思うかもしれませんが、ではなぜ、この二つの葉っぱの色はそれぞれ違うのでしょうか？　その答えは大人でも意外とわからないものです。

　私は子どもたちのそういったつぶやきに対して、「そうなんだねー」と流して終わらせてしまうのではなく、子どもたちと一緒に「なんでそうなのかな？」と、そのつぶやきの価値を考えていくようにしています。この時は、私はこんなふうに返してみることにしました。

「いいことに気づいたね。もっと違う色の葉っぱもあるかな？」

「こっちの葉っぱの方が大きいけど、大きいほど色が濃いの

濃い緑と黄緑

かな？」
「もしかしたら、葉っぱの形によって色が違うのかな？」
「そもそもなんで葉っぱの形が違うのかな？」
「他の場所の葉っぱも探して比べてみたらどうかな？」

第2章（「『もやもや』の言語化」、「授業づくりのはじまりはこの二つから」）でも紹介しましたが、「そもそもなんでそうなっているんだろう？」と子どものつぶやきに価値をつけて、きちんとした学習課題にして返してあげることで、子どもが持ってきたたった二種類の「葉っぱ」だけでも、教師は無限に学習課題を考えていけそうです。

つまり、子どもたちが一生懸命教えてくれた「ふしぎ」に対して、「これはすごい発見だよ」「君が見つけたことはとても意味があることなんだよ」と教師が価値づけし、さまざまな角度から質問していくことで、**その「ふしぎ」をさらに深いものにアップデートさせていく**のです。

この価値づけを何時間か授業で続けていくと、子どもは疑問に思ったことを安心して何でも言えるようになります。身の回りにあるものごとに対して、安心して**「ふしぎのメガネ」**をかけて考えられるようになっていくのです。

「ふしぎ」の発見に慣れてくると、子どもたちはこんなことも報告してくれるようになります。

C「先生！　なんで、学校の校庭の土に貝殻が埋まっているのかな。由比ヶ浜の海から結構離れていると思うんだけど…」

C「先生、この棒で鉄棒を叩くと高い音がするのに、こっちのジャングルジムは、低い音がするよ」

C「滑り台から同時に靴を滑らせたんだけど、なんで同時に落ちないのかなあ？」

これらの質問に対して、私は次のように子どもたちに返してみました。

●「もしかしたら、昔は小学校のところまで海だったのかもね。他にも貝殻がないか、校庭以外の場所も調べてみよう」と仮説してみる

●「ジャングルジムと鉄棒の音の高さに違いがあるんだね。他の遊具の金属の部分は、

この木にある丸い跡は何だろう？

地面のこの足跡は何？

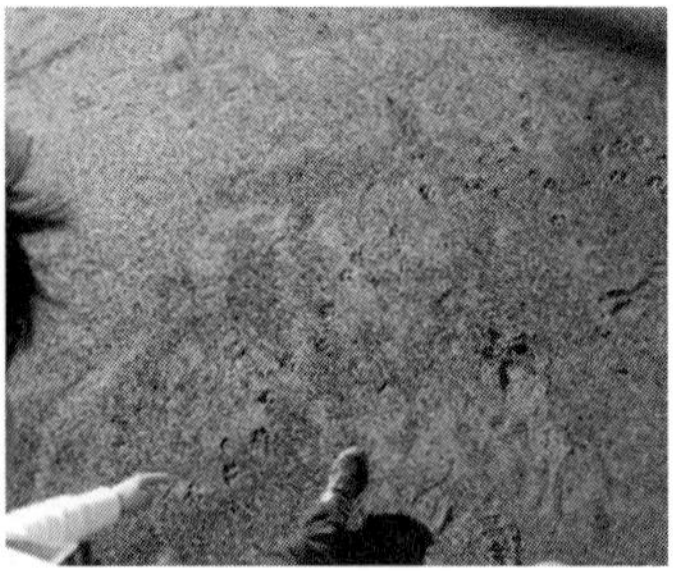

どんな音が鳴るのかな」と比較の対象を広げる

●「なんで、靴の滑るスピードが違うのかな。同じ靴で比べてみたらどうかな」と条件をそろえた実験方法を提案する　など…

このように、「教師が知っていること」と「子どものつぶやき」を関連させていくことで、さらに学びが発展していくのではないかと考えています。

でもそう考えると、この時、私が鎌倉市の地理、音の振動、摩擦係数などをもっと詳しく知っていれば、子どものつぶやきを、さらに深いものにしていくことができたのかもしれません。

しかし、教師は、すべてを教材研究して、何でも知っていなければいけないのでしょうか？

決してそんなことはありません。

この「見つけたよ！」の学習では、授業の最後にみんなで「今日見つけた『ふしぎ』を発表し合う時間」を設けています。そうすると、「ああ、それはね…」と詳しい子どもが、答えを教えてくれたり、ヒントになるようなことを言ってくれたりします。

また、**この１時間の授業で「ふしぎ」の答えがわからなくてもいい**のです。「なんでだろう？」「もっと調べたいな」と子どもたちの心に火をつけるのが、この授業のねらいだからです。みんなでわからないことを整理して、また次の時間に続きを考えていけばいいのですから。

子どもの「調べたい心」に火がついたら、授業が終わっても、自分の力で調べ続けたり、家でも調べてきたりするようになります。**「教師が子どもに調べさせたいこと」ではなく、「子ども自身が調べたいと思っていること」なのが何よりも重要**なのです。

この授業では「子どもの意見を価値づけ、子どもたちが『ふしぎのメガネ』を安心してかけられるようにすること」「子どもたちから出てきたつぶやきを、彼らの文脈に合わせてどんどん課題にして返してあげること」などを大切にしました。そうすることで、「トライアンドエラーしながら夢中で調べようとする意欲」につながっていったのだと思います。

3．大人が気づきもしないこと

この「見つけたよ！」の授業は、私自身が子どもたちから「『ふしぎのメガネ』でものごとを見る大切さ」を学ぶ時間でもありました。「ふしぎのメガネ」をかけられるようになると、子どもたちは大人が気づきもしないことを教えてくれます。植物や自然現象などの理科的な発見ではないのですが、私のなかで思い出深かった「見つけたよ！」を最後に一つ紹介したいと思います。

左の写真の男の子が何しているか、わかりますか？

この男の子は、（写真には写っていませんが）もう一人の友だちと、「網のマンホール」（正式にはグレーチングと呼ばれるそうです）をじっとのぞいています。ここで子どもたちはある発見をします。

C「先生、この網のマンホールの中にまた穴があるんだけど、なんでかな？」

たしかに、その下の図のように、中にまた二つ、穴が空いていました。

他のグループが虫や草を観察している間も、その二人はずっと校庭にあるグレーチングを一つひとつ調査してメモをしています。私は彼らが納得するまで活動を見守ることにしました。

すると突然一人の子が「わかった！」と言って私に丁寧に説明してくれたのです。

奥をのぞくと２つの謎の穴が…！？

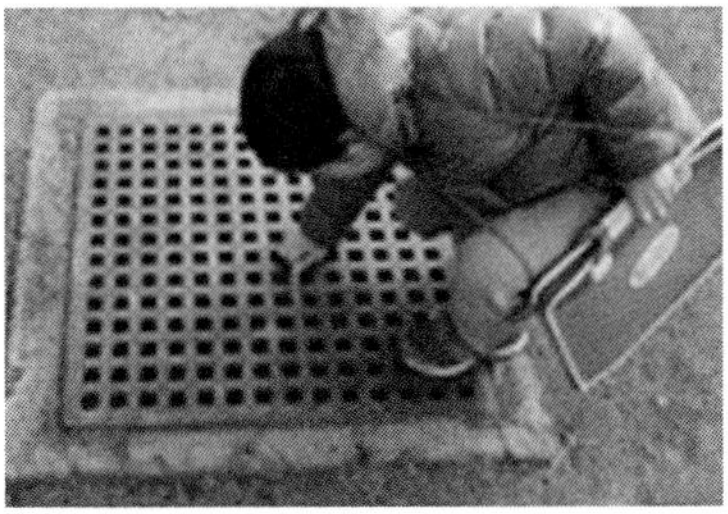

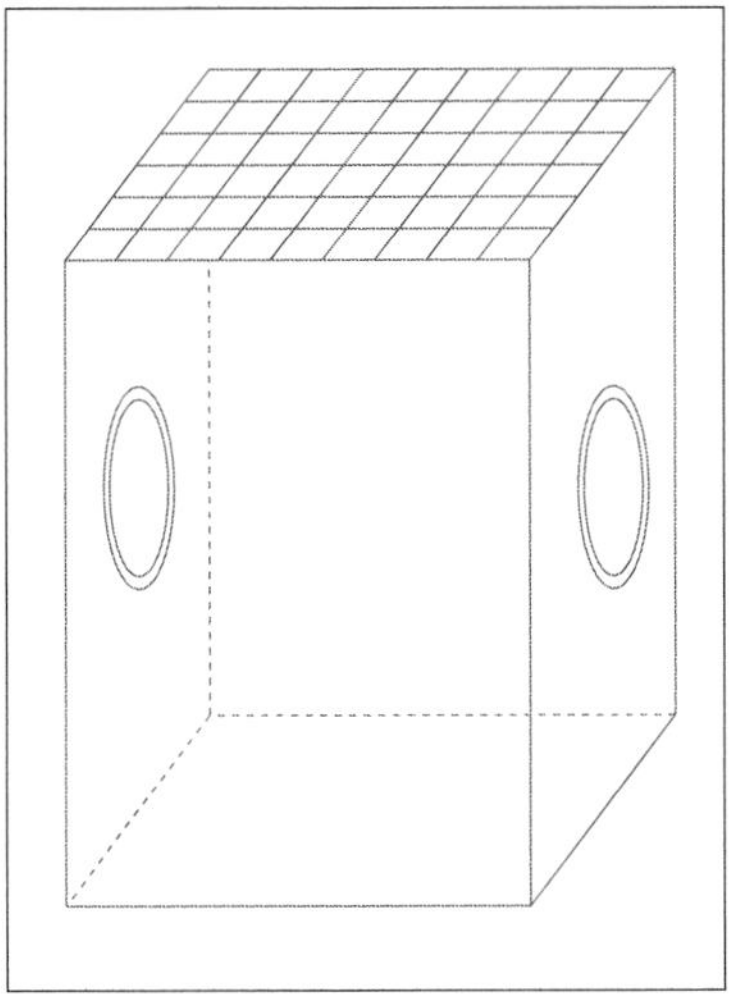

この複数のグレーチングの中（地下）で、１本の管がつながっていて、そこを通って一節に水が流れる仕組みができていたのです。

その発見を聞いて興奮した私は、「じゃあ、この水はどこに流れていくんだろうね？」と子どもたちに聞きました。

すると子どもたちは、残りのグレーチングも丁寧に調べていくことで、さらに新しい発見しました。

校庭の下には上の写真のように管が通っていて、最終的には学校の外にきちんと流れるようになっていたのです。

私がこの学校に2年間勤務していても、全く気づかなかった、校庭の下にある仕組みにその子たちは疑問をもち、たった一時間でその秘密を解明してしまったのです。

＊

この子たちのすごいところを、あらためて私なりに整理してみます。

- 「グレーチングの中になんで2個穴があるのだろう」という「ふしぎ」に気づいたこと
- 他の場所でも同じように穴が空いているか、根気よく調べてみたこと
- 仮説を立てて、自分の調べたことが正しいか確かめたこと
- 図（左図）を使って、調べたことをわかりやすくまとめたこと

看板や標識、自然現象など、私たち大人が「当たり前」と思って、知らず知らずのう

グレーチングの調査の様子

ちに見過ごしてしまうものでも、子どもたちは、しっかりとその意味を考えようとしています。日常生活のなかに「違和感」「疑問」を感じなくなったら、「学び」は止まってしまうのだなと、子どもたちから教えられました。

今思い返すと、この「見つけたよ！」の授業は、子どもたちにとって毎時間「不思議なこと」だけでなく「面白いこと」「わからないこと」「わかったこと」「調べたいこと」…すべてを「自分たちで見つけたよ」という意味だったのかなとも感じられます。

子どもの「わかりきったこと」を「自分ごと」に（2年生 道徳）

1. 道徳の「わかりきったこと」

第2章で、「わかりきったことは飛ばして、本質的なことを考える」ことを提案しました。

道徳はまさにその代表といえる教科ではないかと思います。では、その「道徳におけるわかりきったこと」とは何でしょうか。私は次のようなことだととらえています。

- 「文章に書かれていること」（例 「主人公は思わずうれしい気もちになりました。」）
- 「自分たちの感覚で常識としていること」（例 「友だちとは仲よくしましょう」「約束はしっかり守りましょう」）

つまり、「教科書に書かれていること」や「辞書に書かれていること」ともいえるでしょう。

この「当たり前でわかりきったこと」の「先」にある、まだ言語化できていない部分を、子どもたちと少しずつ探していきたいと考え、次のような授業を行いました。

2.「問い」と「ゆさぶり」で見えてくるもの

ここで紹介する「きゅう食当番」（教育出版・2年）という教材は、「一年生がこぼした給食を進んできれいにしたら、先生に感謝された」というあらすじで、「やった行動」（「いいことをした」）と「結果」（「感謝された」）がストレートにつながっている、わかりやすいお話だと思います。この教材を使って、子どもたちが「わかりきったこと」の先を夢中で考える授業をしていきたいと思います。

私は授業の導入で、教材を読む前に次のように聞いてみました。

T「親切ってなんだと思う?」

これは、「わかりきったこと」をあえて聞くための質問です。子どもたちからはこんな意見が出ました。

C「優しいこと」
C「ものをあげること」
C「人の手伝いをすること」

たしかに間違いではありませんが、この模範解答のような「わかりきったこと」を、少し崩してみたくなります。

「親切はいいことだから、いつでも誰にでも親切にしてあげないといけないね」と、ちょっと極端な例を出して聞いてみました。すると子どもたちから「いや、親切にされてちょっと嫌な時や迷惑な時もあるかもしれない…」といった新しい意見が出てきました。

「じゃあ、親切なことは全くしなくていいの?」と、今度は逆の質問をしてみました。すると、それもまた違うと子どもたちは答えます。

このように、導入で極端な質問をすることで、「親切」のなかのさまざまな面を引き出していきました。ちょっと意地悪な感じもしますが、子どもが言った意見に対して、「全部」「毎日」「誰でも」のようにちょっと極端な形で問い返していくことで、逆の考え方のよさにも気づけるようなっていきます。

こんなやり取りをしばらくしていくと、子どもたちから面白い意見が出てきました。

C「親切は難しい。危ない時もあるから」

私が聞いていて「？」と思う子どものつぶやきには、深い考えが隠れていることがよくあります。この意見の時も同じでした。そこで、この意見に対して、私はすかさず「どういうこと？」と質問してみました。

C「例えば、東京タワーの上にいる猫を助けるとか、自分が危ない目に遭ってまでやるのは、親切とは違うと思う」

「親切にする自分自身も大切にする」。これも子どものなかにある一つの真実だといえます。

このように子どもの「親切観」が出そろってきたところで、教材「きゅう食当番」を読みました。

この教材は、冒頭でも説明した通り、「自分がこぼしたわけでもない給食を進んで片付けたら、先生が褒めてくれました」という「行動→結果」の直球のお話です。一体どうすれば、この教材の魅力を引き出せるのでしょう。

まず、「書かれていること」や「わかりきったこと」の確認には時間をかけずにすむよう、教材を読んだら、すぐに子どもたちに、教材とは別の条件を仮定して発問をしようと考えていました（例えば、「手伝ったのに誰も褒めてくれなかったら、みんなはどう思う？」のようなものです）。

しかしお話を読んだ後、子どもから出たのはこんなつぶやきでした。

C「先生。一年生がこぼした給食を拭くのって、それって二年生として当たり前のことじゃない？」

これを聞いて「面白いな」と思った私は、このつぶやきをみんなで考える「問い」にしたいと思い、当初の計画から授業展開を変えることにしました。

「こぼれた給食を拭く」「落としものを拾う」「ケガをした友だちを保健室に連れていく」……聞いてみると、これらはすべて当たり前のことだと子どもたちは言っています。

そこで私は、「全部当たり前というなら、みんなは何をした時だったら親切だといえるの?」と問い返してみました。

私自身が、子どもたちのなかにある「やって当たり前のこと」と「親切」の違いを知りたくなったのです。子どもたちも考え始めました。

さらに多角的に考えられるように、主人公だけでなく他の登場人物にもスポットを当てたこんな質問もしました。

T「じゃあ、このお話に出てくる一年生の子や先生も、みんなと同じように、きっと主人公がやったことを『当たり前』だと思ったんじゃない?」

こうしていると意地悪な質問をする嫌な先生のようですが、子どもたちは私の質問に対して「先生、そういうことじゃないんだよ！」と真剣に考え、答えようとします。

C「やる側は『当たり前』って思っていても、やってもらう側の人が当たり前と思ってはいけないいんだよ」

ここで別の立場（＝「やってもらう側」）の人の気持ちが出たことで、「親切」に対する考えがさらに深くなってきました。

子どものつぶやき↓教師の問い↓さらなるつぶやき↓さらなる問い…このように問いによる「ゆさぶり」を繰り返すことで、学習が深くなっていきます。

「きっと当たり前のことでも、自分からちゃんとやっていくことが親切なんだよ」という意見が子どもたちから出てきました。それでも、私はさらにゆさぶりをかけてみました。

T「じゃあゴミ1個でも、自分からちゃんと拾っていれば、それは親切だよね？」
C「うーん。さすがにゴミ1個で親切はないんじゃないかなあ」
C「では何個拾ったら親切になるんだろう？」

と、さらに子どもたちのなかで議論が起こりました。

すると、「先生違うよ、親切は数じゃないよ」と一人の子が言います。

C「心を込めれば1個でもいい時もあるし、たくさんやればいいわけじゃないんだよ」
T「なるほど！」

たしかにこれも、「親切」のなかにある大切な要素です。私のなかで、もやもやしていた感覚が次第にすっきりとしてきました。

C「親切にはいろいろなやり方があるけど、その時によって違う」
C「親切にしすぎるのも、その人のためにならない」

子どもと話していくと、どんどん「わかりきったことの先」が見えていきます。

＊

「ここまで聞くの?」と思うくらい、意地悪な質問が続く授業だったかもしれませんが、「わかりきったこと」をただなぞるのではなく、私自身が「本当にこれでいいの?」と思ったことを子どもたちに聞くことで、**子どもたちも自分ごととして「わかりきったことの先」を考えることができた授業**だったと思います。

3.「わかりきったことの先」には何がある?

週一回45分の私の道徳の授業で、子どもたちの生き方が劇的に変わることはないのかもしれません。しかし毎週勉強するなかで、目には見えないけれど生きる上で大切な「何か」を考えてほしいと思います。

冒頭で、私の考える「道徳のわかりきったこと」を紹介しました。ではその「わかりきったこと」の先にはいったい何があるのでしょう? 当たり前ですが、私もその答え

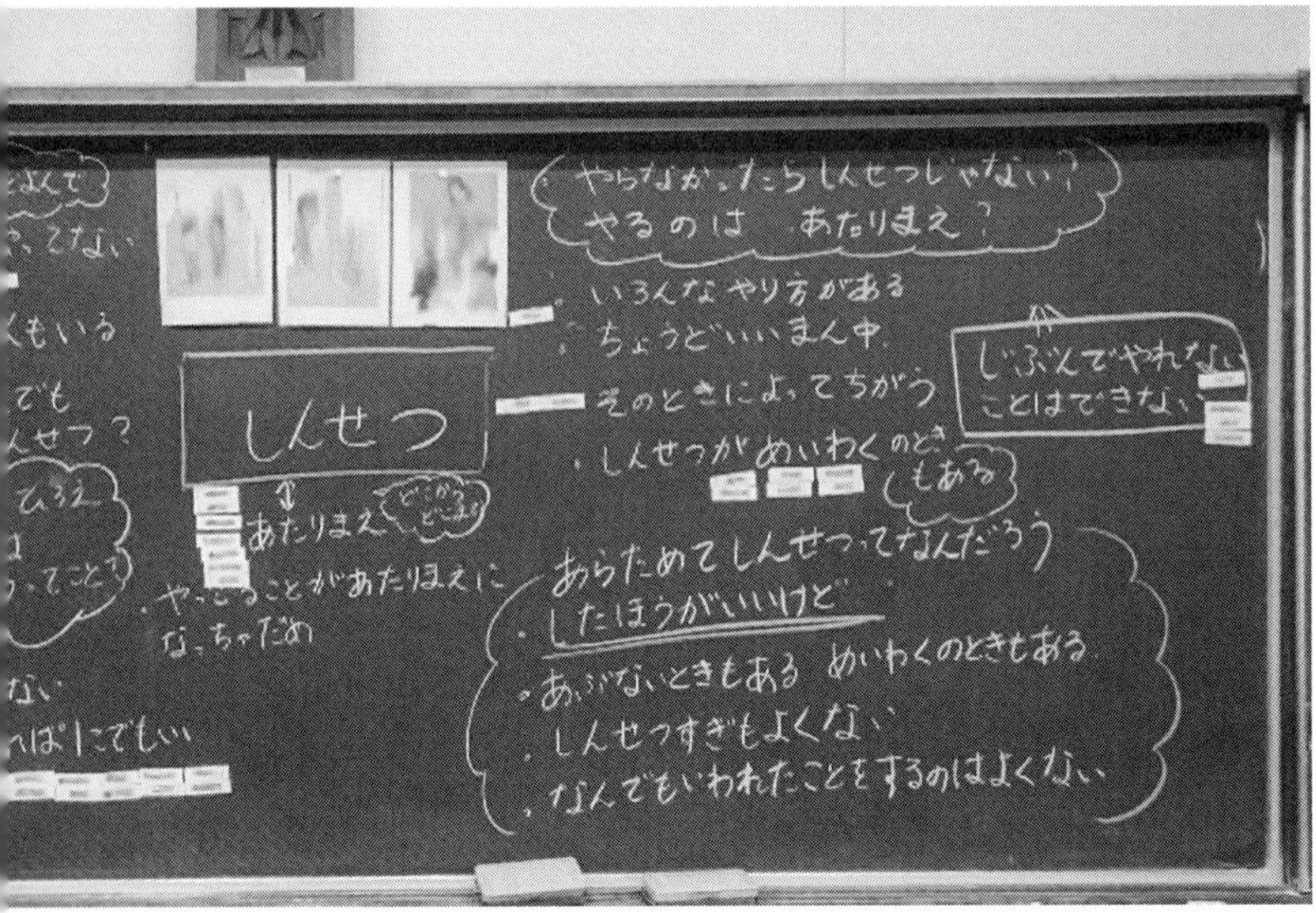

を今もなお探し中です。

たしかな正解は存在しませんが、子どもたちが授業中に本気で考えた「先」にあるものが、「自分や身近な友だちの幸せ」だけでなく、「自分が会ったこともない世界の人々や、自然や動物の幸せ」につながっていればいいなと思います。

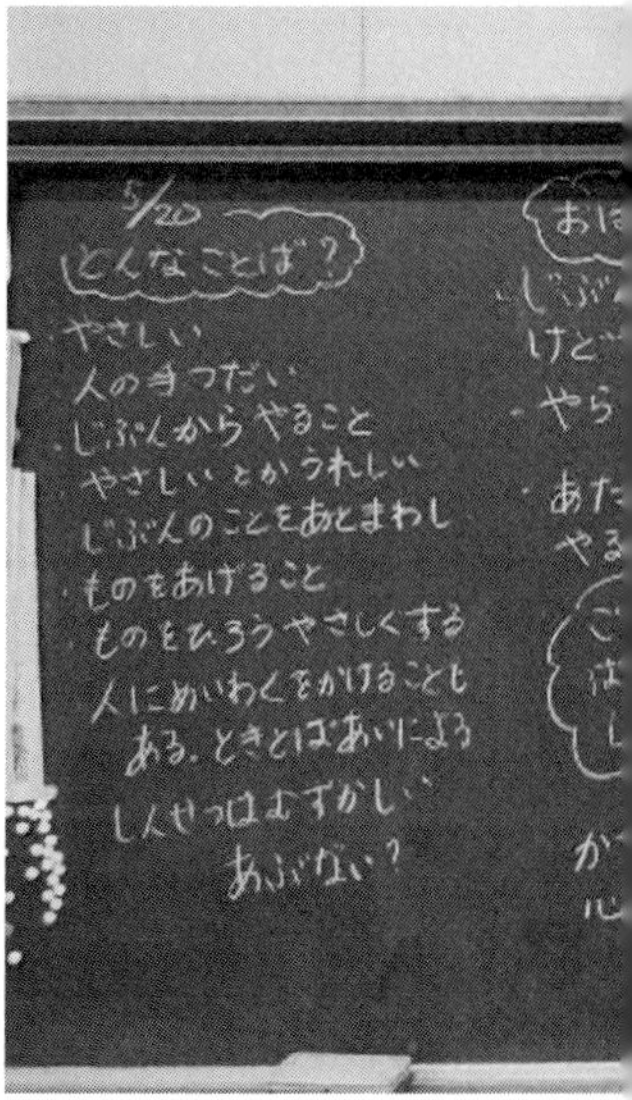
5/20
どんなことば?
・やさしい
人の手つだい
・じぶんからやること
やさしいとかうれしい
じぶんのことをあとまわし
・ものをあげること
ものをひろうやさしくする
人にめいわくをかけることもある。ときとばあいによる
しんせつはむずかしい
あぶない?

授業がうまくいく時、いかない時

第2章の最後に、「夢中」と「自分勝手」の違いを、子どもたちの姿や活動を通して説明しました。ここでは、第1章からこれまでお伝えしてきた、夢中な授業をしていく上で教師が押さえておくべきことをまとめてみます。また、それでもうまくいかない時に教師の姿勢を考え直すためのヒントについてもお話ししていきたいと思います。

1. 「夢中な授業」をする上で押さえておきたいこと

ここまで5つの授業を紹介してきましたが、実はどの授業でも大切にしていることは一緒です。第1章・第2章のまとめにもなりますが、それは次のようなものです。

- □子どもの多様な答えを認める雰囲気を日常的につくる
- □子どもの考えや活動のよいところを価値づけて、自信をもって取り組めるようにする
- □子どもたちの実力より少し上の課題や発問を設定し、考えてみたいと思えるよう

にする
□子どもの思いや考えにまずのっかってみる
□子どもの発言や試行錯誤の過程を見守る
□教師も子どもと学ぶことを楽しみながら授業をする

などです。

これらのことを押さえておくと、授業が、子どもたちとその場で創る「リアルなもの」になっていきます。これらは、低学年や高学年に限らず、またどんな教科でも応用できるポイントだと考えています。

2．授業がうまくいかない時

一方で、授業がうまくいかない時の教師の傾向も、私のなかではっきり見えてきました。

□行事に追われて子どもたちを常に急がせている
□子どもたちにきちんとあいさつや返事をすることができていない

□テストの丸つけや日記へのコメントがタイムリーにできていない
□子どもの頑張りを価値づけることができていない
□休み時間に一緒に遊ぶことができていない

「なんだ、どれも当たり前のことではないか」と思われるかもしれません。しかし、私自身が「授業がうまくできなかったな」と感じる時は、いつもこの傾向になっている時だと感じます。毎日、最大限の授業準備をして、それでも授業がうまくいかないことを何度も経験したからこそ、私はこの「当たり前」が「授業を大きく左右している」と強い確信をもてるようになりました。

「この先生と授業をやりたい」と子どもが思わなければ、教師がどんなに準備しても、子どもたちが心から思ったことを本気で語ったり、もっと学び合いたいと思ったりすることはできないのだと痛感しています。やはり最後は「子どもとの信頼関係」なのだ、と。

教師が子どもの失敗を受け止めて、価値づけていくことを繰り返すなかで信頼関係が出来上がっていきます。そしてその信頼関係が、この本の第1章、第2章で紹介した心構えや手立てをさらに効果的にしていくものなのだと考えています。

第1章から第3章でお話ししてきた内容を、「教師」「子ども」「授業」の関係という視点からあらためてまとめると、次のようなイメージになると考えています。

⓪教師との信頼関係を築き、授業や学校生活のなかで子どもたちが安心して自分の言いたいことを言える雰囲気をつくる。
①子どもが本来もっている力・教材の魅力・教師の願いを掛け合わせて、子どもの夢中を最大限に引き出す課題を設定する。
②授業のなかで子どもたちから生まれた「疑問」や「違和感」、「失敗」などを教師の言葉で価値づけることで、自分ごとの学習課題にして、学んでいきたい状態にする。
③試行錯誤（トライアルアンドエラー）をするなかで夢中な状態が生まれる。
④「もっと自分で学んでいきたい」「学んだことを実際の生活にも取り入れていきたい」という意欲が子どもたちのなかに生まれる。
⑤失敗してもくじけない、予測不能な世の中を生き抜く力が子どもたちに育つ。

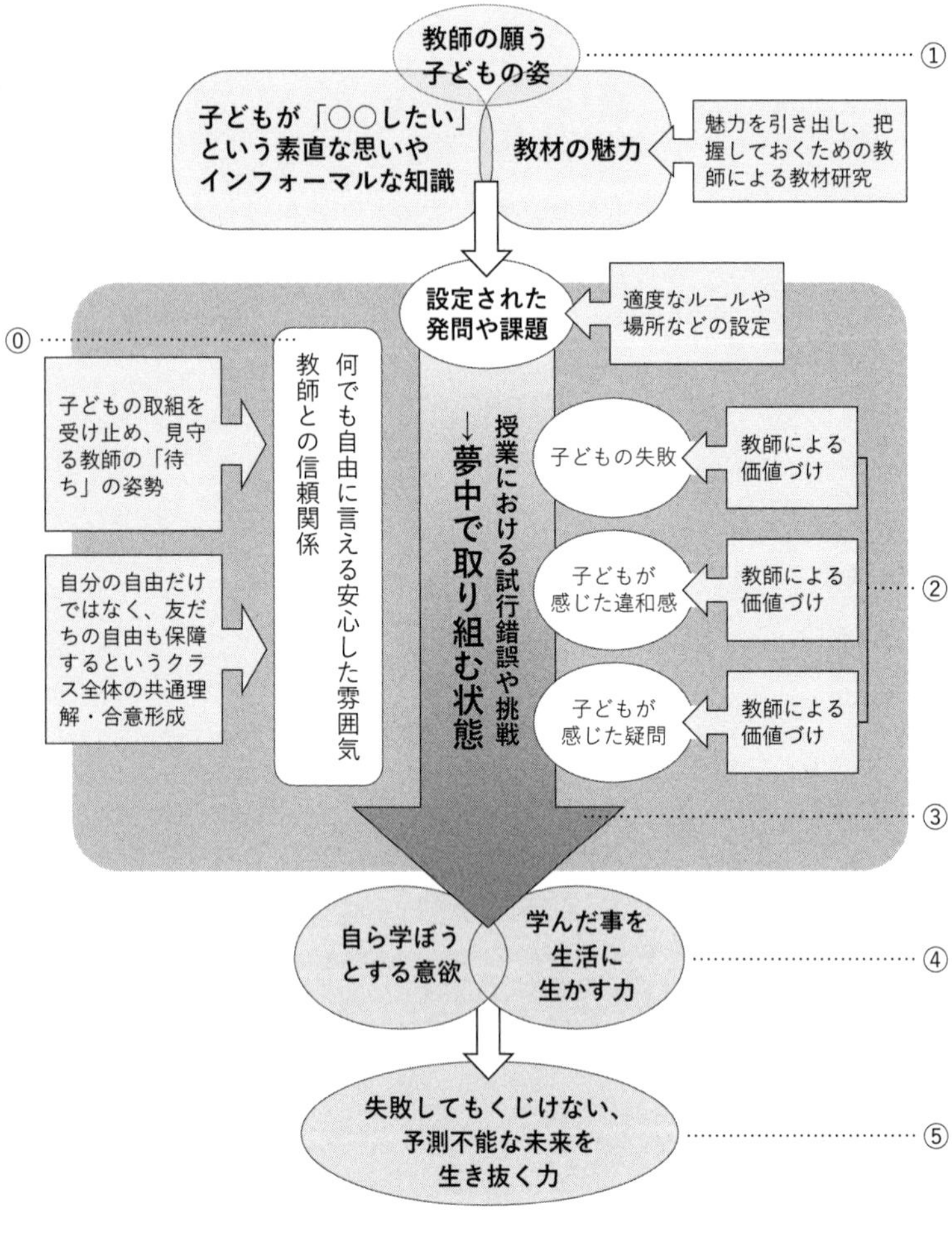
教師の願う
子どもの姿
①
子どもが「○○したい」
という素直な思いや
インフォーマルな知識
教材の魅力
魅力を引き出し、把握しておくための教師による教材研究
設定された
発問や課題
適度なルールや場所などの設定
⓪
子どもの取組を受け止め、見守る教師の「待ち」の姿勢
自分の自由だけではなく、友だちの自由も保障するというクラス全体の共通理解・合意形成
何でも自由に言える安心した雰囲気
教師との信頼関係
授業における試行錯誤や挑戦
↓
夢中で取り組む状態
子どもの失敗
子どもが
感じた違和感
子どもが
感じた疑問
教師による
価値づけ
教師による
価値づけ
教師による
価値づけ
②
③
自ら学ぼう
とする意欲
学んだ事を
生活に
生かす力
④
失敗してもくじけない、
予測不能な未来を
生き抜く力
⑤

③あたりまでは教師の支援の割合が大きいかもしれませんが、⑤に近づくにつれて、教師の手を離れて子どもたちが主体となって活動ができるようになっていきます。

さまざまな教科、学年でアレンジをしながら、先生方と子どもたちの「夢中な授業」を考えていただければ幸いです。

おわりに

理想の授業って何だろう?

想像してみてください。ある教室の雰囲気です。

窓から暖かい陽がさして、風が心地よく流れこんできます。小鳥の声や、体育の授業をやっている子どもたちの声が聞こえるくらい教室は静かです。子どもたちは一人ひとり集中して課題に取り組んでいます。「あ、わかった」「いいこと思いついた」「これってどうやるの?」と程よい大きさの声で友だちと対話をしながら活動をしています。

静かで落ち着いているけど、子どもたちの頭のなかはとてもアクティブな状態。ノートには自分の考えがどんどん書かれていきます。

静かで落ち着いた雰囲気で、クラス全員が授業に参加し、教師も子どもも新しいことを学んでいきたいという意欲で満ち溢れている。そんな授業を子どもたちと創りたいといつも思います。

では、友だちの発表中に、子どもたちが自分の思ったことを次々に言うような「にぎやかな授業」がダメかというと、一概にそうでもないと思っています。友だちの発表中に突然割りこんでくるような意見でも、友だちの考えをきちんと尊重していたり、自分がわかったことがうれしくて思わず声があがってしまったり、本気で今クラスのみんなに伝えたいことがあってついむきになってしまったり……そんな子どものありのままの姿が素敵だなと思う授業もたくさんあると思うのです。

このように、「落ち着いている」「静かにしている」「話を聞いている」という「授業の雰囲気」だけが授業のすべてではないと強く考えさせられた出来事が、私にはあります。ここからは個人的な昔話になってしまいますが、どうかお付き合いください。

＊

私はかつて、「落ち着いた規律ある雰囲気の授業」にあこがれて、ひたすら授業のきまりや話の聴き方、発表の仕方などのルールを徹底して「指導」していた時期がありました。子どもたちの学習のために授業ルールがあること自体はとても大切なことなのですが、当時の私はこの雰囲気づくり「だけ」で満足していた部分がありました。つまり、授業の内容はどうあれ、子どもたちがきまりを守って発言や話し合いをしてさえいれば、それで成功だと考えていたのです。

子どもたちに静かに話を聞かせ、時間通り、計画通りに授業を進めることだけを重視し、「自分の準備した答えを子どもが発表できたらよい授業」などと考えていたことも正直ありました。しかし今思い返すと、そこに、子どもたちが自分ごととして夢中になって考えたり、自由に活動したりする「隙」は、全くなかったのだと思います。

横浜国立大学附属鎌倉小に赴任した年の5月、職場の先生方に私のそんな「規律ある雰囲気」の授業を見てもらいました。授業中、子どもたちは静かに友だちの方を向いて話を聞き、自分の考えに理由をつけて発表していました。話合いは途切れることはなく、発表の仕方や、次の友だちへの指名の仕方もきめられたルール通りにしっかりとできています。

授業の終末では、私が指導案でねらいとしていたことを、子どものたち自身の言葉でまとめて終えることができました。この時私は、「自分の思った通りの授業ができたのでは」と満足していました。でも、今思えば、本当にそれだけだったのです。

その授業後の研究協議で、ある一人の先生から言われた言葉が自分の授業観を考え直すきっかけになりました。

「あの授業って結局子どもがただ先生のために、頑張って発表しているだけだよね。それって全然子どもらしくないよね」（もちろんアドバイスとして、今でもありがたい言葉だと思っています。）

つまり私が今までやっていた授業は、「ただ私が言ってほしいことを子どもたちに言わせるためだけの授業」だったのです。

そこから、自分のなかでそれまで納得してやってきた授業に対して、大きな不安が生まれました。

『子どもらしさ』って何だろう？
『自由』と『自分勝手』って何が違うんだろう？
『教師に言わされていない本当の言葉』って何だろう？

その答えを知りたくて、その次の日からひたすら本を読んで勉強したり、いろいろな学校の研究会の授業を見に行ったりしました。勉強すればする程さらにわからなくなったり、わかったかと思ったら正反対の考えに出会ったり……「自分のやりたい授業って何だろう?」という疑問だけが大きくなっていきました。

今、冷静に振り返ってみると、当時の自分もトライアルアンドエラーをしていたのだと思います。その答えを知りたくて、常にもがいていました。

もがいた先で、一つのヒントとなったのが、研修先で学んだ「幼児教育」そして「子どもの夢中」でした。

ひたすら一つのことに夢中になって、目をキラキラさせて取り組む幼稚園児の姿を見た時、自分が目指したい授業イメージと重なりました。

「こんな『夢中な瞬間』を自分の授業にも取り入れていきたい!」

そんな思いで、またいろいろな学校の授業を見に行きました。全国のさまざまな先生の魅力的な実践、そして目を輝かせながら夢中で授業に取り組む子どもたちの姿を見て、自分のなかにあった価値観が大きく変わっていきました。

答えを知りたくて、必死で集めていた「バラバラの知識」が少しずつまとまり、「自分の目指したい授業」が明確になっていきました。

「子どもの方が大人より深く考えている」
「子どもたちに教わりながら一緒に授業をつくった方が面白い」
「試行錯誤を繰り返しながら夢中になれることにこそ学びの本質がある」

これが今の私の中心にある授業の考え方です。

教師の枠にはまらない。大人が「当たり前」だとスルーしてしまうことも、「なんで？」と思わず言ってしまう。それが「子どもらしさ」なのだと思います。そう思えるようになったら、子どもの突拍子もない発言に対しても「自然なことなんだ」と受け止められるようになっていきました。

「子どもの考えにのっかり、その力を最大限に引き出す」という現在の授業スタイルにしてから、子どもも私も心から「楽しい」と思える授業が少しずつできるようになりました。もちろん授業中に私の意図しない展開になることもありますが、それ自体に価値や意味を見つけて楽しめるようになりました。

今まで自分がやっていた「教師の思っていることを子どもに言わせる授業」の何倍も意味のある授業になってきたなと自分自身が思えるようになりました。

この仕事を始めてから、一周も二周も周り道をして、「授業の主役は子ども」という言葉の意味がようやく最近、自分のなかにストンと落ちてきたように感じます。

静かで落ち着いている授業も素晴らしい。しかし、にぎやかな授業にもいろんなよさがある。これからも、どちらの授業のよさも追究していける教師でいたいと思います。

*

こうして自分が新しく構築した理論を、別の学校、別の研究会で発表したり、実践したりしてみます。
そうすると、さまざまな先生にアドバイスをいただいたり、自分の理論に矛盾が出てきたり、うまくいかない場合があることに気づいたりします。でもそこからがスタートで、本書でも述べている通り、きっとそれは「失敗」ではなく、教師として新しいことに気づくためのきっかけなのだと思っています。

自分の理論をつくっては修正して、修正してはまた新しいものを考えて…。
「教師としての力」を高めるということは、この「トライアルアンドエラー」をこれからも何度も繰り返していくことなのだと思います。

それを何度繰り返しても「変わらないもの」が自分のなかにあるのならば、それは本当に自分の教師としての「オリジナリティー」や「哲学」になるのではないかと思います。

「理想の授業とは何か？」
これは、私のなかで授業をしながらずっと考え続けていくテーマです。まだまだ道半ばですが、今回、このような自分の授業をふり返る機会を与えていただいたことで、「自分がこれからやりたい授業」が前よりもはっきりと見えてきた気がします。

夢中がつくる未来

この本では「夢中になること」の大切さについて、私なりの考えや実践を書かせていただきました。

しかし、この「夢中」という状態や気持ちは、子どもたちだけでなく、私たち大人にとっても大切なことなのだと思います。私自身も「もっといい授業をしたい」「いろいろな先生方と夢中で授業づくりについて語り合いたい」という思いが常にあります。

「子どもだけでなく、大人だって夢中になれる。」私がこの本を書く時に意識した、もう一つのテーマです。

「夢中になるもの」は仕事に限らず音楽、スポーツ、ドラマ、読書、映画…など何でもよいと思います。私たちも大人もまだまだ夢中になれるチャンスがあるはずです。これは一緒に授業を創ってきた子どもたちが教えてくれたことでした。

「夢中になっている人」は言葉に熱量があります。目の輝きが違います。話や行動、すべてにリアリティーがあります。そしてその姿はいつも生き生きとして人の心を動かします。子どもたちも、そんな「夢中になっている先生」に教わった方が、勉強以上に大切な「何か」に気づけるような気がします。

「子どもの頃の『夢中』を忘れないことで、生き方や社会を変えられるのではないか？」

「不安だらけの今の時代も、工夫次第で明るく強く乗り越えられるのではないか？」

「夢中な時にこそ、人が幸せに生きるためのヒントがあるのではないか？」

「予測不能な未来」なんて言われていますが、そんな希望を心のどこかでいつも考えています。

教育の世界にはさまざまな考え方があります。この本に書かれていることがすべて正解とは思っていませんが、私が経験し感じてきた「真実」だと思っています。何か一つでも先生方のお役に立つことができればこの上ない幸せです。

東洋館出版社の大岩様に声をかけていただき、今回の企画がスタートしました。大岩様との打ち合わせは毎回私にとって大変充実したものでありました。自分の稚拙な話や、アイデアをいつも真剣に聴いてくださり、アイデアのキャッチボールを楽しみながら進めていくことができました。感謝の言葉しかありません。

そして、いつも授業について一緒に考えてくださる神奈川県綾瀬市の小学校の先生方、横浜国立大学附属鎌倉小学校の先生方、研究大会などでご指導、ご助言くださる先生方、いつも一緒に授業を創ってくれる子どもたち、私たち教師の活動を支えてくださる保護者の方々……みなさまのお力で今回一冊の本という形にすることができました。本当にありがとうございました。

令和3年6月某日　吉田雄一

参考文献

・阿部宏行（二〇一七）『なるほど！そうか！学習指導要領　新・図工のＡＢＣ』日本文教出版
・伊藤美佳、齊藤恵（二〇二〇）『マンガでよくわかる　モンテッソーリ教育×ハーバード式　子どもの才能の伸ばし方』かんき出版
・植木理恵（二〇一八）『やる気を育てる！――科学的に正しい好奇心、モチベーションの高め方』日本実業出版社
・大泉義一（二〇一七）『子どものデザイン　その原理と実践　日本における子どものためのデザイン教育の変遷から展望へ』日本文教出版
・岡田京子（二〇一七）『成長する授業：子供と教師をつなぐ図画工作』東洋館出版社
・小川雅裕（二〇一九）『授業のビジョン』東洋館出版社
・桂　聖編著、Ｎ５国語授業力研究会著（二〇一八）『「Ｗｈｉｃｈ型課題」の国語授業「めあて」と「まとめ」の授業が変わる』東洋館出版社
・久野泰可（二〇一九）『「考える力」を伸ばす　ＡＩ時代に活きる幼児教育』集英社
・嶋野道弘（二〇一八）『学びの哲学――「学び合い」が実現する究極の授業』東洋館出版社
・田中博史（二〇一五）『子どもが変わる授業』東洋館出版社
・田沼茂紀（二〇二〇）『問いで紡ぐ小学校道徳科授業づくり』東洋館出版社
・田沼茂紀（二〇一九）『［小学校］道徳科授業スタンダード――「資質・能力」を育む授業と評価「実践の手引き」』東洋館出版社

・田村　学（二〇一八）『深い学び』東洋館出版社
・苫野一徳（二〇一九）『「学校」をつくり直す』河出書房新社
・中山芳一（二〇一八）『学力テストで測れない非認知能力が子どもを伸ばす』東京書籍
・奈須正裕（二〇一七）『「資質・能力」と学びのメカニズム』東洋館出版社
・奈須正裕（二〇一三）『子どもと創る授業　学びを見とる目、深める技』ぎょうせい
・奈須正裕・諸富祥彦（二〇一一）『答えなき時代を生き抜く子どもの育成』図書文化社
・鳴川哲也（二〇二〇）『理科の授業を形づくるもの』東洋館出版社
・松村英治（二〇一八）『学びに向かって突き進む！　1年生を育てる』東洋館出版社
・無藤　隆（二〇一八）『幼児期の終わりまでに育ってほしい10の姿』東洋館出版社
・洋泉社ＭＯＯＫ『これからの未来を生き抜くできる子の育て方』洋泉社
・吉田尚記（二〇一八）『没頭力「なんかつまらない」を解決する技術』太田出版
・笠　雷太（二〇二〇）『子どもが世界に触れる瞬間』東洋館出版社

著者紹介

吉田　雄一

（よしだ・ゆういち）

1981年生まれ。神奈川県綾瀬市立綾西小学校教諭。島根大学教育学部学校教育教員養成課程美術教育選修卒業後、神奈川県公立小学校、横浜国立大学附属鎌倉小学校勤務を経て2020年度4月より現職。
分担執筆に、田沼茂紀編著『問いで紡ぐ小学校道徳科授業づくり』（東洋館出版社）、田沼茂紀編著「板書＆イラストでよくわかる365日の全授業　小学校道徳（3・4年）」（明治図書出版）がある。本書が初めての単著となる。

夢中がつくる学び

2021（令和3）年7月1日　初版第1刷発行

著　者：吉田　雄一
発行者：錦織圭之介
発行所：株式会社 東洋館出版社
〒113-0021　東京都文京区本駒込5-16-7
営業部　TEL 03-3823-9206／FAX 03-3823-9208
編集部　TEL 03-3823-9207／FAX 03-3823-9209
振替　00180-7-96823
URL　https://www.toyokan.co.jp

印刷・製本：藤原印刷株式会社
装丁：中濱健治

ISBN978-4-491-04415-6　Printed in Japan